SÔNIA GUAJAJARA

Organização da coleção Tembetá
Kaká Werá, Idjahure Kadiwel e Sergio Cohn

Projeto gráfico e foto
Sergio Cohn

ISBN 9786586962352

Azougue Press
Coordenação geral Sergio Cohn
Brasil | CNPJ 12.272.339/0001-26
Portugal | NF 515805394
USA | E. Id. 803650511
Coordenação editorial Sergio Cohn | Darien Lamen
Chile | Tucán Ediciones RUT 77.369.106-1
Coordenação editorial Sergio Cohn | Cristián Jiménez Plaza

Azougue Press: mais que uma editora, uma ponte entre culturas

A coleção Tembetá traz a trajetória de pensadores indígenas no Brasil que têm contribuído para a cultura, a educação, os direitos humanos e a ecologia nos últimos quarenta anos. São personalidades que têm dedicado suas vidas a causas que vão além das suas respectivas culturas e que têm sensibilizado a sociedade humana como um todo.

A palavra tembetá é de origem tupy. Trata-se de um adorno usado no lábio inferior no rito de passagem que indica maturidade e capacidade de pensar e falar pelo seu povo. Por isso foi escolhido como símbolo desta coleção. Quando observamos a história oficial do Brasil até o início da década de 1990, praticamente toda a literatura e os documentos sobre os povos originários foi produzida pelos ditos "conquistadores" e seus descendentes. Foram raríssimas as vezes em que os próprios nativos falaram representando suas raízes, valores e visão de mundo.

A ideia central do projeto é dar voz narrativa àqueles que trazem a marca da ancestralidade em sua jornada de vida neste país. Para isso, cada edição reunirá intervenções escritas e orais (entrevistas, palestras e depoimentos) de grandes pensadores e pensadoras indígenas surgidos no Brasil desde a década de 1970.

A trajetória dos líderes, pensadores, ativistas e artistas escolhidos para compor a coleção serão disponibilizadas com o intuito de promover reconhecimento, reflexões, inspirações, e sobretudo apontar as contribuições de culturas milenares do Brasil representadas por alguns de seus expoentes.

É preciso dizer que hoje no Brasil são cerca de 380 povos chamados indígenas, cujas origens remontam de 5 mil a 12 mil anos. Quase um milhão de remanescentes, dos quais algo em torno de 450 mil pessoas habitam as florestas e os demais habitam centros urbanos em praticamente todos os estados brasileiros. Além disso, pesquisas da UFMG (Universidade Federal de Minas Gerais) de 2005 na área da genética apontam que 63% do povo brasileiro considerado "branco" tem origem tupy. Ou seja, no país temos presentes raízes de culturas ancestrais nas mais diversas matizes de mestiçagem e ao mesmo tempo não damos voz histórica aos remanescentes destas origens. Isso causa uma sensação de negação de um si mesmo coletivo que reflete também na negação dos direitos humanos das gerações atuais que insistem em viver de acordo com seus valores e visões de mundo. Talvez o Brasil seja o único país do mundo que considera "estrangeiro" o nativo, e nativo o estrangeiro.

O desconhecimento das "vozes ancestrais" é oportunizado negativamente por uma parcela da sociedade com o preenchimento de um imaginário de destituição de dignidade dos descendentes das culturas milenares desta nação plural e diversa hoje chamada Brasil. Constantemente exploradores de minérios, senhores dos agrotóxicos (envenenadores da terra), cultivadores de experiências transgênicas, desmatadores da vida, difundem uma ideia pejorativa, folclórica e negligente de toda uma riqueza imaterial presente no modo de ser e de pensar destes inúmeros povos. Por isso esta coleção é mais de que uma publicação de uma série de livros. É dar voz a um Brasil que também somos.

Kaká Werá, organizador da coleção

ENTRE-VISÕES

SOBRE-VISÕES

COSMO-VISÕES

O povo Guajajara se estende atualmente pelo Maranhão, no nordeste do Brasil, e possui cerca de 24 mil pessoas, sendo um dos povos indígenas mais populosos do pais. Habitam a margem oriental da região amazônica e são conhecidos também como Tenetehara. Foram contactados a cerca de 390 anos atrás, e desde então a cada geração vem sofrendo inúmeros processos invasivos, destituindo seus valores culturais, suas características sociais peculiares e suas mitologias.

Os territórios dos Tenetehara ancestrais foram tomados pela agropecuária, além de cercados por uma antiga política coronelista e fundamentada na repressão pela violência social. Em 1901, houve uma revolta histórica contra os capuchinhos, que gerou uma guerra que eliminou uma considerável parcela desses povos. Esta revolta é até hoje encoberta por estratégias de desinformação por parte dos mandatários da região.

A língua guajajara, ou tenetehara, permeia também os avá--canoeiro, parakanã, tapirapé, tembé e suruí. Fazem parte de um grupo derivado do tronco tupi, que eles chamam de de ze'egete, que significa "fala boa".

Sonia Guajajara faz parte da região da Terra Indígena Arariboia, no Maranhão. Ela se formou em Letras e especializou em Enfermagem pela Universidade Estadual do Maranhão. Seu ativismo começou na APIB (Articulação dos Povos Indígenas do Brasil), uma organização que reúne lideres de uma grande variedade de etnias, principalmente do norte e nordeste do Brasil. Foi diretora de uma das entidades mais representativas do Maranhão, a COAPIMA (Coordenação das Organizações e Articulações dos Povos Indígenas do Maranhão) .

Sônia é uma guerreira inspiradora de muitas mulheres, muito além da causa indígena, pois sua historia de vida é de muita luta e resiliência e superação. Aos 14 anos, trabalhava de empregada domestica e de babá. Um ano depois, recebeu um convite da FUNAI, que também era um grande desafio: cursar o ensino médio em um colégio na cidade de Esmeralda, em Minas Gerais. A menina guerreira enfrentou a resistência inclusive da própria família e foi.

A partir desse primeiro passo, iniciou sua grande jornada. Em 1992, foi trabalhar nas aldeias como monitora de educação e saúde. Sua função era pedagógica e social. Orientava para a diminuição do alcoolismo e para a conscientização do problema das doenças sexuais transmissíveis.

Mas suas inquietações iriam mais além ainda. Era conhecida como a "grande pequenina", devido a sua estatura que contrastava com sua fala de indignação social pelos mal feitos de tantos séculos em relação ao seu povo, a outros povos tradicionais e sobretudo a Mãe Terra.

Em 2001, participou de uma conferência de povos que culminou em uma marcha indígena, e a partir dali não parou mais de marchar em direção à justiça social. Tornou-se uma ferrenha critica dos desmandos sociais seculares, uma orientadora de sua família e de sua comunidade e uma referencia em sua região.

Entendeu desde muito cedo que como mulher tinha que se fazer respeitada, principalmente em uma sociedade machista, e que como indígena tinha que estar sempre alerta e atuante, para colaborar com a mudança de uma condição histórica reservada aos povos indígenas, a de estar sempre tendo que abrir mão de seus territórios tradicionais.

Esta guerreira mãe de três filhos representa uma extensão de vozes que vem do Maranhão, da Amazônia, do Nordeste, do Sudeste, do Centro e do Sul do Brasil. Ela representa também a continuidade de outras vozes que se ergueram na década de 1980, como a de Mario Juruna, Ailton Krenak, Álvaro Tukano e tantos outros.

Já percorreu a Europa e a América, em instituições como a ONU, sendo uma porta-voz ativa de uma causa de muitos séculos. Ela também é uma pioneira entre os seus pares, pelo fato de se posicionar em círculos até então geralmente masculinos, onde os homens predominam com seus cocares de guerreiros. As organizações indígenas se estruturaram dentro de uma lógica onde homens estão habituados a buscarem papeis de condução de suas comunidades, e não podemos negar que mesmo entre a diversidade de povos indígenas o machismo também assume um tom predominante.

Um dos principais temas ao qual Sônia Guajajara tem se tornado uma aguda critica e dado sinais de alerta ao Brasil e ao mundo é a questão da RENCA (Reserva Natural de Cobre e Associados). Trata-se de uma extensa reserva mineral sob o solo amazônico, entre os estados do Pará e do Amapá, criada em 1984 pelo então presidente do regime militar João Batista Figueiredo. O atual governo Temer e seus aliados da bancada ruralista tem um interesse fora do comum para esta reserva. Os minerais ali encontrados tem grande valor no mercado internacional, já que são jazidas ricas em cobre, ouro, titânio, tântalo, e tungstênio, todos considerados minerais nobres e de alto valor no mercado global.

Se o governo, como deseja o presidente em exercício Michel Temer, extinguir essa reserva, irá gerar uma série de conflitos entre a atividade da mineração e a conservação da biodiversidade, e os direitos dos povos indígenas e de diversas comunidades tradicionais. Se houver permissão para as empresas privadas de mineração entrarem nesta região haverá um efeito devastador para a população local, para a floresta e para o planeta. Além do fato de que a suposta riqueza econômica que se diz que irá gerar na verdade será remetida para os empreendedores internacionais. A luta de Sônia para impossibilitar essa extinção tem sido vitoriosa, e precisa ser valorizada com a atenção em todos interessados na biodiversidade e no respeito aos povos tradicionais.

Por fim, Sônia Guajajara se apresenta como a voz da Mãe Terra, ao falar da ignorância com que determinados filhos se relacionam com a biodiversidade, com as gerações futuras e com as gerações do passado.

*

Esta edição portuguesa foi ampliada e atualizada, com inclusão de textos eentrevistas posteriores à edição original de 2017.

ENTRE-VISÕES

Sônia, como foi que você começou a atuar na política? Você já tinha, naquele momento, referência das lutas indígenas anteriores?

Não, eu não tinha nenhuma informação. De nada. Acho que nem da existência dos outros povos indígenas. Porque eu vivia na minha terra, sabia de outros indígenas que moravam ali, mas eu não tinha muito essa preocupação, ou essa clareza na minha cabeça de que eram muitos povos e de qual situação viviam. Eu até considero muito recente isso. Porque foi em 2001, quando eu participei pela primeira vez de um encontro indígena nacional, em Brasília. Foi a conferência pós-Marcha, que aconteceu depois da Marcha dos 500 anos, em 2000, na Bahia. Eu acompanhei o povo passando, o povo indo, aquela movimentação toda, mas de longe. Então, em 2001, eu fui participar de reuniões no estado, junto com o CIMI (Conselho Indigenista Missionário) e as lideranças locais. E aí me despertou a vontade de participar de um movimento maior. Daí, fui para Brasília. E lá foi um impacto para mim, quando eu vi a luta, quando eu vi principalmente os povos do Nordeste fazendo toda aquela briga pela garantia dos territórios. Eles falavam de retomadas das terras. Eu não sabia direito o que era essa briga. Então aquilo para mim foi um despertar total. Para a minha vida, enquanto pessoa, e também enquanto liderança. Apesar de que eu sempre participei muito, fui ativa no movimento, mas restrito ao meu povo. Via as dificuldades, toda a luta das pessoas por melhoria de qualidade de vida, de política pública. A partir desse encontro foi que eu pude perceber a magnitude da luta e a importância de se juntar, se mobilizar.

Eu saí de Brasília e fui direto para um evento em Porto Seguro, a convite do CIMI e do movimento negro. Eu fui para a Bahia, para o Porto Seguro, o Monte Pascoal, e conversei com as lideranças de lá, que estavam construindo um monumento chamado Monumento da Resistência. E as lideranças choravam muito contando das histórias dos antepassados, da colonização. Aquele momento foi decisivo para eu não voltar a mesma pessoa para a casa. Eu voltei para o Maranhão de ônibus, passando novamente por Brasília. Eu trabalhava como professora concursada do município. Eu pedi licença para ficar três dias em Brasília e acabei ficando quinze dias fora. Eu cheguei na escola e a diretora falou que eu tinha levado 15 faltas, e que seria descontado do meu contracheque. Daí eu disse que ela podia descontar o mês todo, se quisesse, porque o aprendizado que eu adquiri nesses 15 dias valia muito mais que qualquer contracheque integral, qualquer presença na sala de aula. Porque para mim foi o meu despertar para esse mundo do movimento indígena. Eu comecei a pensar na estrada, voltando para a casa, que eu não podia mais chegar lá e não fazer nada. Eu tinha que organizar meu povo, eu tinha que organizar meu estado, ver de que forma a gente podia fortalecer a luta. E foi isso que eu fiz. Eu comecei a ler muito o mensageiro do CIMI, o jornal Porantim, e isso abriu muito a minha visão sobre a luta indígena e os diversos povos.

E quem eram as suas parcerias que você encontrou na época?

No movimento indígena nacional, eu me aproximei muito das lideranças do Nordeste. A Maninha Xukuru, que faleceu logo depois que a gente se conheceu. Da Amazônia, tinha o Fausto Makuxi e o Jecinaldo Sateré, que era da COIAB (Coordenação das Organizações Indígenas da Amazônia Brasileira). Muita gente que eu ia observando e achando lindo ver eles irem para a linha de frente falar e defender a nossa luta. Eu ficava pensando como eles conseguiam. Quando cheguei ao Maranhão, eu me juntei com outras lideranças do estado, como o Lourenço Krikati, a Dori Gavião, o Itamar Guajajara. E ficamos pensando juntos de que forma poderíamos organizar o movimento. Em 2002, a gente realizou alguns encontros preparatórios para fazer uma organização indígena constituída no estado. Já estavam criando a COAPIMA (Coordenação das Organizações e Articulações dos Povos Indígenas do Maranhão), mas ainda era um conselho em articulação, sem estar juridicamente constituída. Em 2003, nós conseguimos fundar efetivamente a COAPIMA. Eu ajudei, mas não tinha nenhuma pretensão de ficar na coordenação, achava que não daria conta, que ainda não estava preparada. Mas mesmo assim eu fui eleita, não para a coordenação geral, mas para ser coordenadora-secretária. Até então, as lideranças só confiavam em nós mulheres para os cargos secundários. Coordenação era coisa para os homens. E aí eu assumi o cargo, e assumi com vontade. Embora eu não fosse legalmente a coordenadora geral, acabou que eu assumi muito a responsabilidade de tudo para fazer e conduzi o movimento indígena na região nesse primeiro mandato, entre 2003 a 2006.

Você tocou num ponto importante. Nos últimos anos, surgiram muitas mulheres que ganharam espaço como importantes lideranças indígenas. O que é muito diverso do que prevalecia nas décadas anteriores, onde a grande maioria das lideranças era formada por homens. Como você vê isso como conquista e também como mudança de perspectiva?

Na COAPIMA, eu pude participar de vários encontros também de mulheres. Lá, nós começamos a perceber, conversando com as diversas lideranças, que precisávamos fortalecer a luta no movimento que chamamos de Amazônia Oriental. A Amazônia Oriental é formada por Maranhão, Pará, Amapá e Tocantins. São estados que não tinham muita incidência, muita participação direta dentro do movimento indígena em geral. E percebemos que era preciso chegar junto, estar dentro, se aproximar da COIAB. E foi nesse período que eu comecei a participar muito da luta das mulheres. Foi quando eu conheci a Valéria Kaxiuana, a Rosemary Arapaço, a Michelina Tukano. Elas todas eram muito focadas na questão da luta das mulheres. Eu me aproximei delas e rapidamente já estava muito envolvida, organizando encontros de mulheres. Eu acabei ficando mais um mandato na COAPIMA, até 2009, e aí durante esse segundo mandato eu me aproximei muito de todas as lutas, das mulheres, das questões ambientais, das questões políticas. Tanto que quando o mandato estava acabando, me convidaram para concorrer para a coordenação executiva da COIAB. Isso foi em 2009, na eleição que aconteceu no Maranhão. O convite original era para ser de novo coordenadora-secretária. Mas a mulherada veio para cima e disse: "Olha,

Sônia, a gente quer muito você na coordenação, mas você não vai ser secretária, você vai pelo menos ser vice-coordenadora". E disseram que se fosse para vice-coordenadora elas estavam juntos, me dariam apoio. Mas se fosse para secretária, elas iam cair fora. Aquilo foi muito importante para mim. E eu pensei: "Eu acho que é isso mesmo, é hora da gente dar um passo à frente". Aí eu concordei de concorrer à vice-coordenadora. Não era confortável concorrer. Já tinha um certo acordo entre os concorrentes de que eu seria coordenadora-secretária, e estava tudo certo. Os outros já estavam também com as suas funções definidas. Mas eu cheguei para eles e falei que não ia mais concorrer para secretária, mas para vice-coordenadora. Eles responderam: "Mas como assim? Nós já conversamos! Você já fez um compromisso que ia ser secretária, como agora vai querer ser vice-coordenadora? Vai concorrer com fulano de tal, que já é candidato?" E eu respondi que assim que é uma eleição, que é um espaço aberto e em disputa. Por mim não havia problema em ir para a disputa. Se o outro candidato topasse, faríamos a eleição. Se não, ele ia para secretário e eu para vice-coordenadora. E ele decidiu tentar também, e fomos para a disputa.

Eu concorri na assembleia geral da COIAB com duas lideranças masculinas. E fui eleita. Os votos dos outros dois candidatos não deram nem metade dos meus. Foi uma votação muito boa e muito tranquila. Então a partir daí eu me senti com uma missão muito maior. Eu não estava ali somente como uma liderança indígena do movimento. Eu estava também com a responsabilidade de fortalecer a luta das mulheres e fazer com que as mulheres estarem se inserindo mais, sendo mais atuante. Atuante a gente sempre foi, lá na nossa base, na nossa aldeia. Acaba que a gente influencia em tudo. Mas não tinha ainda a permissão de assumir esses cargos diretivos dentro do movimento. A gente ainda era um pouco inferiorizada, como se não tivesse personalidade suficiente para poder conduzir. Quando virei vice-coordenadora, já se quebrou um pouco com isso. E fui trazendo muitas mulheres para dentro da organização, conversando com elas. Elas também me dando muita força.

O certo é que de 2010 pra cá, nos últimos sete anos, as mulheres estão assumindo muito o seu papel de liderança para fora. Aquele trabalho que a gente fazia dentro das aldeias, conseguimos trazer para o movimento externo. Então hoje nós temos muitas mulheres atuando fortemente no movimento. No Maranhão, por exemplo, a coordenação executiva da COAPIMA é atualmente formada por três mulheres e um homem. E o homem é o coordenador-secretário. A mulherada mandou ver mesmo. Tivemos muita tranquilidade na assembleia, o pessoal votou na gente, confiou no nosso trabalho. No Amapá, também, tem uma mulher coordenadora-geral do movimento indígena no estado. No Pará, nós elegemos uma mulher vice-coordenadora da FEPIPA (Federação dos Povos Indígenas do Pará), e agora ela está assumindo, porque o coordenador não aguentou muito a pressão e renunciou. E na COIAB temos a primeira mulher coordenadora-geral, que é a Nara Baré.

E a tendência agora é crescer mais ainda. Eu percebo que nós estamos num momento muito especial, onde as mulheres estão assumindo um protagonismo muito importante de conduzir as lutas, de assumir o movimento. Porque a gente cansou de ficar esperando. E não tem jeito, nós, as mulheres, estamos assumindo as principais lutas. Fazendo a nossa parte.

E vocês percebem diferença nessa atuação das mulheres dentro do movimento indígena? Vocês trouxeram outras pautas e outras práticas?

Eu sinto diferença no sentido de acrescentar. Porque a gente, enquanto mulher que está na frente do movimento, não faz muita diferenciação entre o que é de homem e o que é de mulher. A luta pelo território, por exemplo, sempre foi e continua sendo a principal bandeira de luta do movimento indígena. Independente de ser homem ou mulher, o território é fundamental inclusive para a gente continuar a ser indígena. É um tema que une. A educação também é um tema que une, que é importante para todo mundo, para as crianças, para a juventude. Essa educação diferenciada é uma coisa que a gente tenta focar muito. A valorização do conhecimento da gente enquanto indígena. Não ficar só recebendo conhecimento de fora, mas respeitar o conhecimento de cada um. A gente tem defendido muito essa bandeira de valorizar o conhecimento tradicional dos povos.

Existe também uma pauta específica. A saúde da mulher, por exemplo. A luta contra a violência doméstica, que acontece muito fora, mas também acontece dentro dos povos indígenas. E que muitas vezes é confundida com cultura. Mas a gente sabe que há um machismo forte dentro das aldeias, em alguns povos indígenas. Há um preconceito até de ver a mulher como inferior.

Em muitos casos essa violência doméstica é confundida como cultura e não é. Posso garantir que não é. A gente não pode aceitar a violência de uma forma assim natural. É um tema que as mulheres têm trazido para o debate, que é complexo, polêmico. Porque tem uma parte que defende que é assim, sempre foi, e não pode mudar. Mas a cultura da violência, a cultura do abuso, não pode ser mais forte do que a própria cidadania plena enquanto povo, enquanto cidadão e cidadã. Então a gente precisa mudar esse jeito. Por mais que seja difícil, a gente está tentando mudar isso.

As mulheres estão assumindo a responsabilidade e a liderança. Estamos vivendo um momento em que no Brasil as mulheres estão no auge, de conduzir, de fazer as coisas, de assumir as principais lutas. E nós não ficamos para trás, não. Estamos juntos assumindo nossas bandeiras.

Nos últimos anos, em paralelo ao seu crescimento no movimento indígena, é também um período em que as instituições públicas que lidam com as questões indígenas, que já viam em crise antes, entraram em praticamente colapso. O principal exemplo é a Funai. Como você lida com isso?

Os órgãos públicos que cuidam da política indigenista estão de fato sendo muito atacados. E esse ataque não é de graça. É um ataque programado. Porque essa disputa pelos territórios foi avançando muito nas últimas décadas. Eu gosto muito de lembrar que na pré-Constituinte, quando houve essa luta muito grande das lideranças, que mesmo não sendo ainda um movimento constituído, sabiam da importância da luta e se juntaram e vieram para cima. Foram para Brasília, se uniram com outros movimentos e com alguns parlamentarem mais sensíveis a esses temas. E então fizeram essa luta pela garantia dos direitos dos povos indígenas. Era um período difícil demais, porque fazia pouco tempo que havia acabado a ditadura. Mas essas lideranças vieram com força, enfrentaram e conseguiram garantir nossos direitos. Isso foi em 1988, na Constituinte.

Um ano depois, já em 1989, começaram a se criar as organizações indígenas. Surgiu a COIAB, por exemplo. Uma série de organizações que foram viajando pelas diferentes regiões, através de suas lideranças, para poder organizar o movimento indígena do ponto de vista macro. E a ideia de ter o movimento indígena organizado era para poder monitorar e pressionar que se implementasse os direitos que acabaram de ser constituídos. Estava escrito na Constituição, mas por si só o direito não vai se efetivar. É preciso fazer pressão para poder fazer esse direito ser implementado. E as organizações surgiram neste contexto, de fazer essa luta para garantir os direitos. E naquele momento aconteceu uma aproximação com a Funai. Naquela época a Funai tinha um papel muito importante, era um órgão forte, executor da política indigenista.

Mas logo no final da década de 1990, começo da década de 2000, a Funai já começou a ser rateada. A educação deixou de ser papel da Funai, a cultura também. E acabou que a Funai ficou com esse papel mais fundiário, de demarcar as terras indígenas, fazer os relatórios. Quando rateou, já se fragilizou o órgão. E daí, a partir da década de 1990, com as organizações se constituindo para pressionar pelas terras, os fazendeiros, os latifundiários, começaram a sentir a mudança. Porque na ditadura muitas terras indígenas foram entregues, inclusive com título de posse, pelo Estado para os fazendeiros. E os índios foram expulsos, ou foram vistos como invasores, porque embora aquela terra fosse tradicionalmente deles, como foi entregue para os fazendeiros, eles de repente estavam lá como invasores. Então começou a se reforçar muito essa luta pelas retomadas das terras. No Nordeste, no Mato Grosso do Sul. E o governo, que estava do lado dos ruralistas, começou a perceber que precisava mudar de estratégia para enfraquecer esse movimento. E começou a fragilizar os órgãos, tirar atribuições, responsabilidades.

Os fazendeiros foram percebendo que poderiam perder suas terras e se organizaram para assumir o Congresso Nacional. E foi o que fizeram, né? Se uniram e colocaram os seus representantes no Congresso. E hoje nós temos aí o que estamos cansados de ver: a bancada maior do Congresso é formada por ruralistas. A segunda maior é formada por evangélicos. A terceira maior é formada pela indústria das armas. A famosa BBB, bancada do boi, da Bíblia e da bala. E eles se juntaram e perceberam que com isso tinham o poder de mudar a lei, de fazer emendas. E começaram inclusive a tentar mudar a Constituição Federal, que garantia o direito territorial dos povos indígenas. Começaram a fazer as mudanças para acabar com esse direito territorial. Não só para não perder suas terras, mas para conseguir mais terras. Sempre usando a desculpa de que tem que produzir, tem que contribuir com a economia do país, que o país tem que crescer, se desenvolver. E se colocando como responsáveis por esse crescimento.

O próprio governo, em aliança com o poder legislativo, começou a enfraquecer esses órgãos propositalmente, para fazer a gente perder força. E com isso perder os nossos direitos. Foi sucateando a Funai, reduziu orçamento. Reduzindo orçamento você já dá um golpe certeiro. Porque para a Funai, para ser um órgão forte, ser atuante, ter a sua missão institucional, tem que ter condição financeira. Tirando o orçamento, a Funai já perde mais da metade da sua força. Fica uma forcinha de pressão política, mas quase nada. E agora, no último ano, depois do Golpe, que não foi um golpe no PT, ou na Dilma, mas em todo o povo brasileiro, tudo piorou. Para nós esse golpe atingiu fatalmente. O pouco poder político que a Funai ainda tinha acabou, sob a chefia de um general que nada tem a ver com os povos indígenas. Não conhece, não defende. Está ali exatamente para defender os interesses de outros, dos ruralistas, dos empresários, da mineração, do agronegócio. Não é nem que ele seja um destes, mas está dentro do acordo firmado entre o poder executivo e o poder legislativo para sustentar o governo.

A ideia é exatamente essa: enfraquecer os órgãos para fragilizar a política e tentar fragilizar os povos. E a gente tem vindo muito para cima, por conta disso. Por mais que não seja ainda possível mudar, por exemplo, esse desmonte da Funai, temos nos mostrado que estamos atentos e atuantes para não aceitar nenhuma mudança sem que passe pelo direito de consulta. A gente tem batido muito nisso, e tenho certeza que muita coisa não está pior, como por exemplo a Funai ser extinta, por conta da luta indígena.

A própria SESAI, que é a secretaria especial de saúde indígena, foi uma conquista do movimento, e a gente acreditava que seria bom, seria uma mudança, mas não conseguiu chegar na ponta, chegar na aldeia da forma como a gente esperava. E exatamente porque as pessoas que assumem os cargos, de ministro, de coordenação, não conseguem perceber a importância desse órgão. Acabam trabalhando exatamente o reverso, com a ideia de que os índios tem que ter o acesso para a saúde comum, sem ver as nossas necessidades específicas. Então a gente está aí, na linha de frente, e não tem outro jeito a não ser ir para o embate. E é na pressão que a gente faz toda essa luta, porque resistência é o que a gente sempre soube fazer de melhor.

Um ponto importante do movimento indígena é a luta pela representação direta, sem mediadores. Como você vê essa questão e a da inserção na política institucional? De ter índios como representantes políticos? E o que você acha da criação de um partido indígena?

A gente assumir esses cargos políticos no parlamento, seria uma potência, seria muito bom. Mas a preocupação atual é mais funda, é o próprio sistema político. A gente tem dificuldade demais de se eleger. Porque há muito tempo deixou de se eleger por meio do voto. Engana quem pensa que é o voto que elege hoje. Porque hoje quem elege é o poder econômico. Os candidatos entram em campo com tudo, com dinheiro, com ofertas que a própria gestão pública não consegue atender. Quem tem mais leva. O voto é realmente comprado. A gente não quer entrar nessa. Quer fazer um trabalho limpo, transparente. A gente quer que as pessoas votem num candidato indígena por acreditar que o seu projeto vai beneficiar coletivamente. E não ser uma troca de favores. É importante ser uma troca no sentido de se ter um representante no legislativo para poder defender as nossas bandeiras. E isso realmente está muito difícil. Porque em todo canto as pessoas votam mesmo naqueles que podem dar diretamente alguma coisa em troca. E por não querer entrar nessa, acaba que a gente nunca mais conseguiu eleger um índio para cargo federal.

Não temos representantes nossos nessas instâncias não por falta de candidatos e interesses, mas por falta do próprio parente não perceber a importância de se votar em um candidato índio. Muitas vezes o parente deixa de acreditar no candidato porque ele não deu o que o parente pediu. No momento em que se nega alguma coisa, já vira um candidato ruim. E o próprio parente não vota mais nele. E vai votar em outro, que deu um saco de cimento que seja. É muito complicado a gente entrar na política institucional por isso.

E mesmo se a gente entrar no Congresso Nacional, na Câmara dos Deputados, a gente até consegue fazer algum barulho. Mas se a gente quiser fazer uma política diferente, que seja um diferencial na sua representação, acaba ficando isolado. Que é o que acontece com o PSOL, por exemplo, que faz muito barulho, mas fica isolado e não consegue efetivar nada. Os outros se aliam e dão de lavada em qualquer projeto que seja de interesse coletivo da sociedade. Porque cada um está ali para defender o seu interesse mesmo. Ou o interesse daquele que bancou ele para estar ali. Então eu acho muito complicado a gente entrar no parlamento dentro desse sistema político que está hoje. Porque a gente não vai conseguir fazer muita mudança, muita diferença no sistema como um todo. Eu não vejo muita mudança ou perspectiva da gente poder defender nossas bandeiras lá dentro ou conseguir aprovação por causa disso. Para poder a gente ser de fato essa potência, e ser essa mudança, e essa defesa que a gente precisa lá dentro, precisa também se fazer uma mudança geral.

A reforma política é necessária para se ter representação dos diversos segmentos no legislativo. A mulher, o indígena, o negro, o pequeno produtor, os povos tradicionais como um todo. Da forma como está hoje, é difícil se eleger, e se você se elege é difícil fazer um trabalho efetivo lá dentro. Por conta das amarras, das alianças que já estão formadas, impregnadas ali na Assembleia. E que já são históricas. Não é uma pessoa que vai mudar isso.

O partido indígena seria um caminho para facilitar essa entrada. Só que a gente não conseguiu ainda, enquanto movimento indígena, fazer essa discussão mais consensuada de se ter um partido. Sei que existe hoje essa iniciativa de se ter um partido, mas não é uma iniciativa discutida com as bases, com o próprio movimento indígena. Então não tem toda essa confiança necessária. Tanto que tem indígenas hoje que saem candidatos por tudo que é partido. PSDB, DEM, PMDB, todos os partidos, seja de direita ou esquerda, tem candidaturas indígenas ou indígenas filiados. Até porque muitos indígenas não vêm muito essa diferença de partido. Muitos pensam que para qualquer partido que seja é possível levar a sua bandeira. Até porque quase todos os partidos estão hoje envolvidos em corrupção, então eles acham que a diferença não está no partido, mas no projeto que se leva.

Eu não acredito muito nisso não. Acho que o partido tem que ter o mínimo de coerência com aquilo que você defende. Esses partidos de direita todos eu não acredito que seja o ideal para a gente estar. Porque está mais do que provado que historicamente são nossos inimigos. Eles estão votando tudo que é coisa para poder prejudicar os povos indígenas ou até suprimir direito conquistado. Eu sinceramente, neste momento, creio que o mais importante é conseguir colocar representantes indígenas nas câmaras municipais. O vereador indígena assume um papel importante e se quiser consegue ser bem atuante no âmbito municipal. Mas no estadual e no federal, por mais que a gente consiga alcançar, não somos ainda essa mudança necessária.

Você está contribuindo para a Mídia Ninja como colunista. Existe também a Rádio Yandê, que é a primeira rádio indígena. Como você tem visto essa questão das novas possibilidades de uso das redes digitais de comunicação pelos povos indígenas?

Olha, eu acho que logo mais nós vamos poder dispensar essas redes tradicionais de comunicação, porque as redes sociais estão avançando muito. Estão chegando em todos os cantos. Até nos lugares mais distantes estão conseguindo colocar um sinalzinho de Internet e está se podendo acessar essas redes alternativas. Eu acho que é muito importante, porque leva a notícia de uma forma mais real, mais completa, contando todos os fatos. Porque na imprensa tradicional o que se vê está todo recortado ou segundo o interesse dos donos. Porque essas redes todas tem seus interesses e suas alianças. A grande imprensa faz parte de toda essa aliança para poder divulgar o que é de interesse do poder, do agronegócio, dos políticos, dos empresários. E a rede social está sendo mais real e direta. E para nós, esses canais diretos, com os indígenas contando a própria história, tem fortalecido e aumentado a valorização da nossa cultura. Porque nas aldeias as pessoas gostam de se enxergar a partir de outro parente. "Eu confio nele, é um parente também".

A Rádio Yandê está conseguindo um alcance maravilhoso. Muita gente tem buscado se informar por meio dela. E não está sozinha. Tem os Índios Online. No Maranhão a gente formou o Coisa de Índio, que é um grupo de comunicadores indígenas jovens, e eles estão tentando se expandir. A partir deles se criou um canal nas redes sociais que é a Mídia Índia. Somos nós mesmos sendo a fonte e os protagonistas da história. Por muito tempo a gente era a fonte da notícia, mas ela era contada por outra pessoa. A gente começou a perceber e a pensar isso dentro das organizações, e a partir disso a chamar os jovens e dizer que a gente precisava contar as nossas próprias histórias. E isso tem sido fantástico. O trabalho dos comunicadores indígenas, seja pelo vídeo, seja pelo rádio, seja pela fotografia, tem sido fantástico para circular as informações. Todo mundo hoje sabe o que está acontecendo, se preocupa, de alguma forma quer ajudar, quer contribuir. Quando é o parente que está dizendo todo mundo já olha com outros olhos. Então acho que a gente precisa dar um jeito que a Internet chegue ainda mais nas aldeias, tenha maior alcance, para conseguir maior visibilidade das nossas lutas, para fazer as denúncias, para fazer a pressão. A comunicação é tudo. E é através da mídia digital que a gente está conseguindo chegar onde a gente quer.

Como você vê os espaços internacionais como forma de pressionar e impulsionar as questões indígenas? Qual a importância ade se conseguir esse diálogo para fora do país?

É muito importante a participação nossa na comunidade internacional. Um caso exemplar disso foi a PEC 215, que delega ao Congresso a demarcação de terras indígenas. A aprovação dessa proposta de emenda constitucional seria um grande retrocesso, porque estamos falando de um Congresso com presença muito forte dos ruralistas, o que praticamente inviabilizaria as novas demarcações. E, em 2014, quando a PEC 215 estava para ser aprovada em plenário, a gente foi fazendo denúncias do quanto isso seria um retrocesso e divulgando o que estava acontecendo no exterior. Isso foi logo depois da Copa do Mundo, e na Alemanha se fez uma chamada na televisão com um artista famoso chamando as pessoas para participarem de um abaixo-assinado para pressionar contra a PEC 215. Eu achei uma iniciativa fantástica. Foi iniciativa de uma organização internacional e teve muita repercussão na comunidade. Eles conseguiram coletar mais de 40 mil assinaturas, num tempo rápido, para mostrar que a Europa estava preocupada com os direitos dos povos indígenas no Brasil.

Depois, eles mandaram chamar a APIB, a Articulação dos Povos Indígenas do Brasil, e eu fui lá como representante, junto com o Eloy Terena, para receber os abaixo-assinados. E fizemos uma divulgação grande na imprensa lá.

A gente tem ido muito para a ONU, no Fórum Permanente dos Povos Indígenas. Temos acompanhado as discussões das Conferências do Clima, todo ano estamos indo com uma representação boa do Brasil. São espaços importantes, porque a gente tem voz e, seja qual tema for, aproveita para levar as denúncias do que está acontecendo no Brasil e constranger o governo. Este ano o Brasil foi avaliado pelo Conselho dos Direitos Humanos da ONU. É o que chamam de RPU, o Relatório Periódico Universal. A cada quatro anos, os países que compõem a ONU são avaliados. Este ano o Brasil apresentou seu relatório. Nele tem a questão da educação, a questão prisional, a questão indígena. Várias questões ligadas aos direitos humanos. E a gente juntou pessoas de mais de 20 organizações e fizemos um relatório paralelo. O Brasil fez o relatório oficial e nós entregamos o paralelo. E o relatório do Brasil para a questão indígena tinha apenas dois parágrafos, o nosso tinha 200 páginas. Depois nós fizemos um condensamento e apresentamos 120 propostas e recomendações. E depois condensamos mais ainda e apresentamos 12 propostas prioritárias. E fizemos um evento paralelo, apresentamos nosso relatório, e fizemos uma incidência com os países que estavam presentes e iriam avaliar o Brasil. Aqui no Brasil, nós fomos em todas embaixadas dos países que iam receber os relatórios, falamos com eles.

O resultado é que eram 102 países que avaliariam e recomendariam o relatório oficial do Brasil, e destes, 82 países fizeram recomendações para o Brasil. Foi a maior incidência de número de recomendações de todos os tempos. E, destas 82 recomendações, mais de 30 tratavam da questão indígena. Nós fizemos um relatório muito completo, mostrando com dados toda a situação de enfraquecimento dos órgãos, a questão da saúde, a questão da violência, a criminalização das lideranças indígenas, quantos indígenas estão presos. Então nós apresentamos cada tema com dados, e isso fez que os países fizessem essas recomendações fortes. E é por isso que estou indo para a ONU amanhã: terá um seminário paralelo, e haverá um momento em que o Brasil irá receber as recomendações, e acatar ou não elas. E estaremos lá, para falar 90 segundos e fazer o contraponto daquilo que o Brasil disser.

É importante demais a gente ocupar os espaços internacionais, seja no âmbito da ONU, seja no âmbito do clima, do meio-ambiente. Seja na OEA, onde também temos ido. Até na Comissão Interamericana de Direitos Humanos a gente foi esse ano apresentar uma denúncia contra o não-cumprimento do direito de consulta. Porque o Brasil teme constrangimentos. E quando a gente vai e faz a denúncia de forma direta, o governo não tem como dizer que é mentira, porque nós estamos apresentados dados. E de certa forma eles se preocupam. Porque a comunidade internacional tem se manifestado com força em apoio das denúncias que a gente tem levado.

Nestas viagens, você tem conversado com lideranças indígenas de outros países. Como você vê a situação que o Brasil se encontra, em mobilização e pensamento, em relação a esses outros lugares?

A gente tem feito uma rede muito boa de articulação internacional do movimento indígena. Primeiro, se criou uma relação direta com a COICA (Coordinadora de las Organizaciones Indigenas de la Cuenca Amazonica), que é a organização dos países da bacia amazônica, por meio da COIAB, que é a organização indígena da Amazônia brasileira. Assim, foi criada uma rede com os nove países da bacia amazônica. E, junto com a COICA, a gente se uniu com as organizações indígenas da América Central, e também com os Andes. E essa rede foi se fortalecendo. Do ano passado para cá, temos participado de um encontro de comunicação entre povos indígenas, que acontece em Nova York todo início do ano e que junta a Indonésia, a América Central e Amazônia legal. E, aqui no Brasil, estamos levando representantes de todo território, não se restringindo aos povos da Amazônia. Estamos indo como COIAB e também como APIB, que reuni povos indígenas de todo o Brasil. Temos agora essa rede forte, em que as lideranças estão circulando, se fortalecendo como um todo.

No Acampamento Terra Livre de 2017, a gente trouxe essas representações de vários países. Foram índios de cerca de 10 ou 12 países. E vamos realizar agora o Encontro Mundial de Povos Indígenas, em outubro. Teremos mais de 100 indígenas do mundo todo. A ideia é exatamente fortalecer essa aliança entre povos indígenas do mundo, apresentando as principais diretrizes e reinvindicações indígenas. Entre elas, a questão dos grandes empreendimentos, que afetam os povos indígenas em geral. Essa não é uma situação que afeta só o Brasil. A América Latina inteira tem sido afetada pelos grandes empreendimentos: as hidrelétricas, a mineração. A gente tem que se juntar. A gente fala sempre que essa luta é sem fronteiras. Não podemos ficar cada um no seu cantinho, achando que o problema é só aqui. Esse é um problema geral do próprio capitalismo selvagem crescendo e dominando tudo. Ninguém terá muita força de combater isso se ficar isolado. Se a gente se juntar, consegue ter um impacto grande.

A questão da violação de direitos, do não-reconhecimento étnico, também é um problema que encontramos em diferentes lugares. Os Estados Unidos vivem um problema grande. Dizem que tem direitos iguais, mas não é só direitos iguais que a gente precisa. Somos povos indígenas e queremos ter o direito à diferença também. Esse direito tem que ser reconhecido. Precisamos também ver a nossa contribuição para o clima do planeta. As mudanças climáticas. Esse encontro é para fortalecer essa aliança dos povos indígenas e para apresentar as nossas principais bandeiras, as nossas principais prioridades para os governos do mundo. É o primeiro encontro mundial que a gente está propondo. E a partir disso queremos criar algo mais permanente.

Vendo você falando, vendo o Ailton Krenak falando, e tantas outras lideranças, fico pensando como é uma entrega muito grande fazer toda essa mobilização, passar o tempo todo viajando pelo mundo inteiro. Como você sente isso?

É de fato uma entrega. É renunciar até da sua própria família, do seu povo. De presença física, né? Porque você está ali por eles, não está fazendo a luta só para você. Eu, por exemplo, acredito muito que foi uma missão que me foi dada. E faço isso com muito gosto. Eu sinto falta, sinto saudade demais da minha família, da minha terra, quando estou um pouco longe. Mas eu me sinto muito realizada com o que eu faço. E sempre digo que é o que eu sei fazer de melhor. Eu me lembro sempre de um dia que eu viajei, eu nem me lembro mais em que país eu estava, e me senti um pouco só, um pouco vazia. Eu não conseguia falar direito. Parece que eu não sabia o que eu estava fazendo ali. Mas fiquei até terminar. Aí, quando cheguei em casa, eu fui direto para a aldeia. Fui para Imperatriz, peguei meus filhos e fui para a aldeia. Chegando lá eu contei para a minha tia, que é muito mística, e para as minhas primas: "Gente, eu não sei o que aconteceu comigo, eu estava lá e de repente me senti tão só, senti um vazio, parece que eu estava assim meio sufocada". Aí minha tia disse: "Sônia, você foi e seus Maíra não foram com você. Porque faz dias que você não vem visitar aqui na aldeia, então eles quiseram a abandonar um pouquinho para você saber que você precisa deles". Os Maíra, para nós Guajajara, são os nossos protetores, que estão aí junto. Quando eu me ausento muito tempo da aldeia, da minha terra, eu me sinto muito vazia de tudo. Não adianta escutar ou ter algo político para dizer. Eu, por mim só, sozinha, não consigo. Eu tenho que estar sempre com todos os meus protetores, meu povo ali junto. Eu sinto muito forte essa presença comigo sempre. Porque se fosse eu sozinha, eu não estava em lugar nenhum. Não estava. Por isso que eu digo que eu vou, eu sinto falta da presença física, mas eu sinto eles sempre muito presentes, porque é o que me dá força. No momento em que eu não tiver essa força, eu sei que eu estou precisando voltar um pouco para a aldeia. Eu sempre busco muito isso.

Desde aquele período que eu fiquei assim tão longe, eu nunca mais fiquei um mês sem ir para a aldeia. Por mais que eu vá para todo canto, eu sempre volto para lá. Eu participo muito ativamente das festas da minha terra, das reuniões. Eu participo muito. É ali que é a minha raiz. Se eu perder isso ali, não tem sentido de estar aqui. O povo lá me reconhece muito por esse comprometimento, também. Eles confiam que eu posso sair e levar a voz, porque eles sabem que eu estou levando aquilo que vem de lá. Não estou levando uma coisa individual, mas aquilo que eles estão me dizendo. Então é realmente uma entrega. E nem todo mundo consegue. Porque para você ser uma liderança indígena, e levar esse compromisso com o sentimento de luta, de conquista, você precisa se doar. E para isso tem que renunciar de muitas coisas. Já deixei muitas vezes de participar de uma coisa que eu quero porque eu sinto que preciso estar em outro lugar, porque o que farei lá é para muito mais pessoas.

Mas eu já me acostumei também. De certa forma a gente se acostuma. Quando eu fico muito tempo em casa, eu me sinto um pouco incomodada, me sentido inútil, sentindo que não estou fazendo o que devia, que devia estar em outro lugar. Mas é isso, não tem jeito, não se pode transferir responsabilidade. Se eu recebi essa missão, eu tenho que dar conta.

SOBRE-VISÕE

CARTA DOS POVOS INDÍGENAS PARA A PRESIDENTA DILMA ROUSSEFF

Fala introdutória e leitura da carta
por Sonia Guajajara, em 5 de junho de 2012

Boa tarde Excelentíssima Senhora Presidenta da República Dilma Rousseff; Excelentíssimo Senhor Vice-Presidente Michel Temer, em nome dos quais cumprimento as demais autoridades da mesa.

Uma saudação especial aos parentes e parentas indígenas que estão aqui, em nome dos quais estou com a missão de ser a interlocutora neste momento.

O movimento indígena avalia como um momento histórico, onde temos uma Presidenta da República Federativa do Brasil, mulher. Depois de mais de 100 anos de política indigenista no país, temos uma presidenta mulher à frente da FUNAI, e eu aqui enquanto liderança mulher indígena na condição de autoridade de meu povo e dos povos indígenas do Brasil.

Acreditamos ser essa uma oportunidade importante de iniciarmos uma aproximação para um diálogo aberto e verdadeiro.

Nos identificamos com alguns pontos de seu governo:

* Também queremos um Brasil rico, sem miséria;
* Queremos um Brasil sem violência.
* Queremos um Brasil sem injustiças.

Sabemos, como a senhora, o que é sofrer violência, o que é ser torturado. Sofremos isso há 500 anos e continuamos sofrendo ainda hoje violência contra nossos parentes, a exemplo de Mato Grosso do Sul, que vive uma situação emblemática conhecida por todos.

Queremos felicitá-la pela sua coragem ao criar a Comissão da Verdade, e sabemos que muitos que estão contra esta comissão são os mesmos que são contra os direitos indígenas, contra um código florestal decente. Temos em comum os mesmos inimigos. Por isso a senhora pode esperar um movimento indígena parceiro na luta contra a desigualdade, contra a violência, contra a pobreza. Mas também pode esperar um movimento indígena vigilante e crítico. Esse é o nosso papel. Estaremos juntos quando tiver que estar e seremos críticos e incisivos quando tiver que ser. Muitas vezes, somos taxados de agressivos, rebeldes. Mas diante das constantes violações que vivemos, expressamos o que sentimos, e esse é o nosso jeito indígena de ser, de dizer o que queremos e como queremos. E para isso pedimos a sua compreensão, atenção e efetivação das propostas do movimento indígena.

Não somos contra o desenvolvimento do Brasil, mas ele não pode crescer deixando seus filhos pra trás, os donos originários dessa terra. Esse crescimento deve ser de fato inclusivo.

Está previsto para hoje o lançamento de um pacote para os povos indígenas como demarcação de terras, assinatura do Decreto da PNGATI, a Política Nacional de Gestão Ambiental das Terras Indígenas, e outros. Consideramos importante e estamos aguardando isso há 531 dias, desde o início de seu governo. Mas achamos que isso não pode ser só em um dia, tem que ser um processo constante de construção. Afinal, "todo dia é dia de índio".

Ontem, ao sermos convidados para este ato, nos pediram para virmos "paramentados". E aí ficamos pensando: que paramentos são esses? Cocar? Tanga? Colares? Porque nossas joias naturais nós já usamos diariamente, então em homenagem aos nossos parentes que não tem terra, não tem florestas para produzir seus "paramentos" tradicionais, viemos com paramentos modernos, que são nossas ideias, nossas palavras, nossas letras. E, expressando o nosso pensamento, segue a nossa carta, concordando que um país rico de fato deve ser um país sem pobreza e com justiça e igualdade para todos os brasileiros.

PRONUNCIAMENTO DOS REPRESENTANTES INDÍGENAS NO DIA MUNDIAL DO MEIO AMBIENTE

À Excelentíssima Senhora Dilma Rousseff, Presidenta da República Federativa do Brasil,

Convidados a participar da programação do Dia Mundial do Meio Ambiente, aproveitamos a simbologia da data e tudo o que ela representa para nós, povos indígenas, e nos dirigimos a Vossa Excelência para demonstrar, mais uma vez, o desejo em estabelecer diálogo a partir da pauta apresentada pelo movimento indígena.

Já se passou um ano e meio de vosso mandato. De forma lamentável, ainda não tivemos a oportunidade de termos com vossa excelência uma reunião para expormos nossas angústias, problemas e reivindicações. Não obstante, foram inúmeros os pedidos de audiência protocolados em seu gabinete. Enquanto isso, seguimos nas comunidades alijados de nossos direitos por terra, saúde e educação; seguimos vendo nossos parentes assassinados e expostos às mais variadas formas de violência.

Em junho de 2011, a bancada indígena da Comissão Nacional de Política Indigenista (CNPI) tomou a decisão de suspender a participação nas reuniões da comissão. Os indígenas anunciaram que só retomariam a participação quando a Presidenta da República encontrasse um espaço em sua agenda para se reunir com os representantes do movimento indígena. Um ano se passou. Agora, com o convite para esta solenidade do Dia do Meio Ambiente, entendemos que vossa excelência sinaliza para o tão esperado diálogo. Diante de tal aceno, que interpretamos ser no sentido do diálogo, aguardamos que seja agendada para breve uma reunião de trabalho com a presença de vossa excelência, da bancada indígena da CNPI e representantes das organizações indígenas regionais e nacional. A conjuntura para os povos indígenas, como é diariamente noticiado pelos veículos de imprensa, é de extrema dificuldade.

Considerando o atual contexto, em que os direitos indígenas sofrem violentos ataques no Congresso Nacional, onde de forma enérgica se pretende aprovar em breve espaço de tempo a PEC 215, que visa inviabilizar demarcações de terras, e o PL 1610, que libera as terras indígenas para a exploração de minérios, além da grave situação de vulnerabilidade em que se encontram os nossos povos, antecipamos aqui as seguintes reivindicações:

1. Que a FUNAI cumpra com máxima celeridade a sua obrigação de demarcar e proteger todas as terras indígenas, priorizando com urgência os casos críticos dos povos indígenas de Mato Grosso do Sul, principalmente os Guarani Kaiowá;

2. Que seja agilizada a assinatura do Decreto de criação da Política Nacional de Gestão Ambiental e Territorial de Terras Indígenas, e a sua devida implementação, para assegurar as condições de sustentabilidade dos nossos povos e territórios;

3. Que a Presidência da República se manifeste, de forma incisiva, a favor da Criação, na Câmara dos Deputados, da Comissão Especial para analisar o PL 2057/91, considerando as propostas encaminhadas pela CNPI, após discussões nas distintas regiões do país, visando a tramitação e aprovação do novo Estatuto dos Povos Indígenas.

3. Que seja criado o Conselho Nacional de Política Indigenista, através de Medida Provisória, tendo em vista o fato de que a CNPI se constitui numa instância transitória, pensada principalmente para viabilizar a criação do Conselho.

4. Que se garantam os recursos financeiros suficientes para a implementação da Secretaria Especial de Saúde Indígena e efetivação da autonomia política, financeira e administrativa dos Distritos Sanitários Especiais Indígenas (DSEIs), com a participação plena e controle social efetivo dos nossos povos e organizações nos distintos âmbitos, evitando a reprodução de práticas de corrupção, apadrinhamentos políticos, e o agravamento da situação de abandono e desassistência em que estão muitos povos e comunidades indígenas.

5. Que o Ministério da Educação assegure a participação dos povos e organizações indígenas na implementação dos territórios etnoeducacionais, e que cumpra as resoluções aprovadas pela I Conferência Nacional de Educação Escolar Indígena, realizada em 2009.

6. Que a participação das mulheres indígenas seja sempre valorizada, assegurando sua presença em todas as instâncias governamentais onde haja representação indígena.

7. Que as lutas dos nossos povos pelos seus direitos territoriais não sejam criminalizadas, a exemplo do que ocorre com nossos líderes na Bahia, Pernambuco e Mato Grosso do Sul, na maioria das vezes perseguidos por agentes do poder público, aqueles que deveriam exercer a função de proteger e zelar pelos direitos indígenas.

8. Que os empreendimentos que afetam terras indígenas sejam suspensos até que seja regulamentada a realização da Consulta Prévia Livre e Informada, como estabelece a Convenção 169 da OIT, assegurando-se assim a ampla e efetiva participação de todos os povos indígenas do país;

Certos de contarmos com sua compreensão e atenção às nossas reivindicações, aguardamos o estabelecimento do diálogo por nós desejado.

Brasília, 5 de junho de 2012.

Assinam os membros da bancada indígena da CNPI, APIB, representantes indígenas do Forum de Presidentes de CONDISIS e lideranças indígenas.

Publicado originalmente na revista Brasileiros de Raiz,
em setembro de 2012

Qual o papel da mulher indígena dentro e fora da aldeia?

Embora cada povo indígena tenha a sua organização política
própria e divisão de papéis entre homens e mulheres, em geral
a participação das mulheres é mais discreta ou menos evidente.
Porém, mesmo assim dentro das tradições indígenas sempre
encontram formas de influenciar nas decisões da comunidade.
As mulheres não vão para as reuniões na casa do guerreiro ou no
pátio, mas exercem uma enorme pressão sobre seus maridos e
influenciam significativamente sobre o que estes vão dizer nas
reuniões. Fora da comunidade, essa participação se dá quando
ela já adquire a confiança e passa a assumir o papel de liderança.
Neste patamar, geralmente expressa uma voz altiva e respeitada
pelos seus povos e organizações.

**A liderança da mulher indígena sempre existiu ou surgiu de
alguns anos pra cá?**

A mulher sempre teve um papel importante na condução
das boas práticas e esse espírito de líder é muito presente, pois
sempre assumimos as tarefas mais difíceis e de maior responsabilidade. Como em muitos povos a mulher tem pouca visibilidade
e não participa das discussões mais públicas e coletivas, quando
uma liderança mulher desponta sempre há resistências. Porém,

sua força e determinação acabam sendo reconhecidas, pois muitas vezes ajuda seu povo ou comunidade a ter conquistas que os homens sozinhos não conseguem. O reconhecimento e aceitação da liderança da mulher varia muito conforme os costumes tradicionais de cada povo.

Como as líderes mulheres têm trabalhado dentro do movimento indígena?

Como viemos de uma cultura onde predomina a voz masculina, ainda hoje há muita resistência em ceder espaços baseados na espontaneidade do homem. Muito se tem que lutar para ocupar e desempenhar o papel de liderança. Mas há de se reconhecer que todas as mulheres atuantes no movimento indígena desempenham uma postura firme, decisiva e comprometida com os objetivos da luta. Cito por exemplo o reconhecido caso da Tuíra Kayapó, que em 2009 passou seu terçado na cara do representante da Eletronorte, em protesto contra a já polêmica Usina Hidrelétrica de Belo Monte, uma imagem que valeu por milhares de palavras dos 500 homens presentes, naquele momento.

O papel delas evoluiu também ou o papel ainda é de criar os filhos, transmitir os ensinamentos a língua?

Essas funções são desempenhadas naturalmente pela figura da mãe, mulher, esposa, filha. Sempre assumimos diversos papéis e isso é o que mantém os laços e a nossa cultura viva. Ao lado do papel fundamental de mãe, as mulheres assumem mais uma tarefa, um desafio, muitas das vezes, um sacrifício, na representação política. Não necessariamente temos que deixar de fazer determinadas obrigações para assumir outras. Cito aqui o meu caso pessoal, mesmo ausente em determinados momentos (que são muitos), assumo a função de mãe de meus três filhos e ainda de filha cuidando e orientando meus pais. A propósito, quantas vezes já se viu um homem levando seus filhos a uma reunião? As mulheres sempre levam.

É possível conciliar o trabalho tradicional com a participação nas lutas e no movimento indígena?

Isso me faz lembrar muito um líder indígena Karajá, Idjahure, que dizia: "Eu posso ser quem você é sem deixar de ser quem sou". Então eu posso ser qualquer profissional, qualquer especialista sem deixar de ser indígena. É ainda muito mais tranquilo conciliar a luta do movimento com as raízes, pois uma coisa não está desconectada da outra. A luta só faz sentido se tiver esse viés de manter as tradições e o direito à diferença. Afinal a nossa luta do dia a dia é pela defesa dos direitos de continuar sendo indígena e ser reconhecido como tal. Garanto que a luta não é fácil, nem para os homens nem para as mulheres, as lideranças como um todo. Mas todo esforço ou sacrifício vale a pena. Nosso povo está sempre preparado. Estando na aldeia ou na cidade, o sangue indígena prevalece.

Como você acredita que está a preservação da cultura indígena de uma forma geral no Brasil?

Aos 512 anos de massacre, violência, tentativas de extermínio, podemos somar também muita luta, força e resistência de nossos povos. Já tentaram nos integrar à sociedade envolvente, como previa Darcy Ribeiro, mas estamos aqui, cada povo com a sua cultura, sua tradição, seu modo de vida. Muitos não falam mais a sua língua materna, devido ao doloroso processo de colonização. Outros se autoafirmam como indígenas, se identificam enquanto povos, mas lhe foi negado pelo sistema o seu nome, a sua origem. Mas uma vez indígena, sempre responderemos em nome dos nossos antepassados. Os povoamentos aproximaram-se de nossas terras e nos foram apresentadas outras culturas, outros jeitos de ser, que foram nos envolvendo. Certamente que houve uma modificação em alguns rituais, que também pode ser visto como um enriquecimento, desde que seja baseado no orgulho de ser indígena.

É possível manter a cultura e o modo de vida tradicional vivos e conciliar isso com as vantagens e confortos da vida moderna, da cidade e do branco?

Posso assegurar que nos dias de hoje o que nos mantém aqui na cidade dos brancos é essa necessidade de fazer a luta, de estar sempre perto, vigilantes, para não nos enfiarem goela abaixo as imposições de um desejo desenfreado por acúmulo de bens. Precisamos estar constantemente cuidando de uma tarefa que teoricamente seria dos representantes do povo, os políticos, que são eleitos para cuidar dos interesses populares e que no entanto cuidam apenas de si mesmos. Por isso nós precisamos estar aqui

24 horas para defender os interesses de nossos povos. Como se não bastasse apenas violar os direitos já adquiridos, querem acabar com os que temos. Numa situação como esta como é que podemos ficar apenas nas aldeias? Precisamos estar nas cidades acompanhando e participando dos debates. Felizmente temos pra onde voltar e voltando temos lá a nossa casa, nossos parentes, nossas festas tradicionais para nos confortar. Mas é naturalmente possível manter a cultura e usufruir dos bens e confortos da vida moderna. Afinal, somos seres humanos e cidadãos de um mesmo Brasil.

Você acha que por querer ter os confortos e vantagens da vida moderna, da cidade, o índio quer deixar de ser índio?

Esta pergunta é sempre feita e na verdade demonstra um preconceito contra os indígenas. Por várias razões: não é só na "vida moderna" que existe conforto e vantagens. Na vida das aldeias, temos muito conforto e vantagens também: qualidade de vida, qualidade ambiental, relações de confiança (não temos roubos nem desigualdade nas aldeias). Nas cidades não existem apenas vantagens e conforto. Para a maior parte da população, existe sim a pobreza, a precariedade de moradia etc.

Além disso, acho importante ressaltar que o contato é uma questão de troca. Assim como os indígenas querem aproveitar e assimilar o que tem de bom em outras sociedades, o pessoal da cidade também quer se aproveitar dos benefícios das aldeias: a base alimentar do Brasil tem muitos itens indígenas (farinha, mandioca...), a medicina "ocidental" se aproveitou do conhecimento tradicional milenar indígena para produzir seus remédios, a relação dos índios com a natureza ajuda na preservação ambiental do planeta e assim por diante. Então é uma troca de duas vias.

É claro que não se deixa de ser índio por usar um celular, um notebook, um tablet. Esses meios tecnológicos são instrumentos que utilizamos para fortalecer as nossas relações com outros povos, afinal somos 305 povos, com modos de vida e culturas diferentes, e 185 línguas faladas. É uma diversidade muito rica. Precisamos dessas ferramentas para nos conectar com o mundo aqui fora e assim se preparar melhor para enfrentarmos as lutas no mesmo nível. Por acaso um brasileiro não-indígena que usa produtos japonês ou norte-americano (como é comum no mundo burguês) deixa de ser brasileiro?

O índio quer abandonar sua identidade, quer negá-la?

O índio verdadeiro jamais nega a sua identidade para assumir outra. Ele pode ir para outro planeta, mas sempre terá orgulho de pertencer a um povo. Porém durante um certo tempo a opressão colonial fez com que muitos indígenas escondessem sua identidade. Mas esconderam não por opção, e sim por coerção. Isso é o etnocídio.

Hoje, um exemplo concreto é o resultado do último censo do IBGE, onde houve um aumento considerável da população indígena, pois houve uma adequação ao formulário que possibilitou as pessoas a terem a opção de se identificarem como indígena e a autoafirmação aconteceu. Isso mostra que cada vez mais o povo brasileiro está reconhecendo a sua origem.

O preconceito da sociedade contra os indígenas brasileiros é grande em muitos lugares do País. Qual o caminho para superar o preconceito?

Posso dizer que quanto mais próximas as cidades ou povoados das comunidades indígenas, maior é o preconceito dessa população. Em muitos lugares ainda se usa o termo "civilizado" para diferenciar indígenas de não indígenas. É muito comum as pessoas chegarem pra mim e perguntar: "você é índia ou civilizada?" Eu respondo: "sou índia civilizada". Há quem pergunte ainda: "você é índia de verdade?" "Sou sim, porquê?" "Ah, você nem parece, está toda limpinha, arrumadinha"... E por aí vai! Acho que o preconceito existe por pura falta de conhecimento, melhor dizendo, ignorância mesmo das pessoas sobre a diversidade étnica e cultural. Precisam saber simplesmente que não somos ETs, apenas somos pertencente a um povo que originou o Brasil e que optamos por fazer a resistência para nos manter, enquanto povos, diferentes. Isso tem que ser trabalhado nas escolas desde o ensino básico até a faculdade.

Você acredita que os povos indígenas que foram contatados mais recentemente são mais índios que os índios que foram contatados desde o descobrimento?

No meu entendimento não há mais índios ou menos índios. Há indígenas com culturas e modos de vida diferentes. O que diferencia é que os contatados mais recentes felizmente ainda não conheceram tudo que o mundo globalizado oferece, então possuem menos conhecimentos sobre essa sociedade e vivem mais conforme a sua cultura, ao passo que os contatados há 300 anos ou mais, mesmo que tenha sido na base de muita porrada, opressão, violência, com territórios usurpados, foram forçados a assimilar novas formas de vida. Conhecendo assim os dois mundos. É como uma criança que vai descobrindo aos poucos.

Muitos indígenas têm preconceito com índios do sul ou do nordeste, porque eles perderam quase toda sua cultura, com o passar dos anos e com a pressão constante para que eles se integrassem à sociedade. Como vencer esse preconceito entre os próprios índios?

Em primeiro lugar, este preconceito é dos não-indígenas! Com índio sempre tem preconceito. Se está na aldeia, no seu modo de vida tradicional, é primitivo, atrasado etc. Se está mais integrado aos costumes urbanos, não é mais índio... Então alguns povos acabam assimilando este preconceito que é dos não-indígenas.

Ao longo desses anos, foi se perpetuando a ideia de que índio tinha que ter olhos puxados, cabelos pretos e lisos, e aquele que não tivesse essas características não era considerado indígena. Claro que esse conceito ganhou o mundo. Mas durante esse tempo as mulheres indígenas foram abusadas e violentadas monstruosamente, nascendo assim os mais variados biótipos indígenas. Porém com o conceito já formado é preciso lutar pra vencer este pré-conceito.

Uma das grandes preocupações hoje é com o desrespeito aos direitos indígenas. Não a um ou outro, mas a quase todos. Quais

os caminhos que as mulheres indígenas vêm para garantir os direitos de seus povos?

Estamos numa fase difícil de retrocesso de direitos conquistados, de ameaças, de criminalização de lideranças indígenas. Ou seja, essas lideranças de vítimas passam a ser réus, como é o caso dos Xukurus em Pernambuco. É como se estivéssemos vivendo o período da colonização, onde se conquistava um dia após o outro. Todos eram vítimas do processo. Hoje somos vítimas do sistema governamental, do capitalismo, do progresso. Tudo legalizado para acabar com nossos direitos. Estamos no meio de um fogo cruzado: de um lado um sistema, de outro os donos do capital que comandam seus pistoleiros, como é o caso emblemático de Mato Grosso do Sul e do Nordeste brasileiro. A garantia de direitos se faz ao caminhar numa luta conjunta de todos os povos, fazendo fileiras pela vida e pela dignidade.

Acredita que algum dia a sociedade brasileira vai mudar a imagem que tem dos índios e irá respeitar seus direitos e cultura?

Temos que acreditar numa sociedade mais justa e igualitária. Lutamos pra isso!

O que fazer para que essa realidade mude e indígenas e não-indígenas convivam com respeito e harmonia?

Acho que essa transformação é possível por meio da educação. É preciso uma motivação maior para esse despertar. Acredito que a juventude de hoje já está começando a entender a existência dessa diversidade étnica e cultural, basta que haja maior investimentos nas redes de ensino que promovam intercâmbios culturais, inserção do tema nas grades curriculares. Não sobre o índio que existia, mas sobre o índio que existe e resiste. Só conhecendo a realidade é que se alcança o respeito.

Além da questão dos direitos, quais são os outros problemas dos índios brasileiros na atualidade em sua opinião?

A bandeira de luta principal do movimento indígena sempre foi pelos territórios. E mesmo assim, com muita gente falando que "é muita Terra para pouco índio", ainda temos muitos indígenas sem terra, que vivem debaixo de lonas no Mato Grosso do Sul, que vivem em acampamentos no Sul (são 60 acampamentos hoje), que lutam por retomadas na Bahia e Pernambuco. E não podemos esquecer dos grandes empreendimentos de infraestrutura do Governo Federal, que consideram apenas o crescimento econômico sem levar em conta as questões socioambientais. A criminalização de lideranças indígenas no Nordeste e a falta de políticas públicas adequadas e condizentes com as realidades indígenas.

Qual é o futuro que você vê para os Povos Indígenas brasileiros?

Bom, eu penso em um, embora a realidade brasileira aponte outro. O futuro ideal seria todos os povos vivendo com seus territórios demarcados, protegidos e livres de ameaças. Para isso não podemos cochilar, é preciso que nos ponhamos de pé sempre prontos para o embate e com a mente direcionada. "Se não nos permitem sonhar então não os deixaremos dormir". E seguimos defendendo um Brasil plural, que seja dos brasileiros, incluindo os indígenas e respeitando e valorizando seu papel no país.

Qual recado gostaria de mandar para outras mulheres indígenas que atuam no movimento como você?

Que o nosso espírito de guerreiras jamais esmoreça. A luta para as futuras gerações já começou!

Que mensagem gostaria de deixar para índios e não-índios?

Que o mundo é redondo e tudo que suceder à Terra, sucederá também aos filhos da Terra, e principalmente para aqueles que não respeitam a Terra. A Terra é nossa mãe, não se pode vender a nossa mãe.

Você é a primeira líder indígena a falar a Brasileiros de Raiz. O que gostaria de dizer aos leitores?

A causa indígena é de todos nós. Apóie você também esta causa!

Publicado originalmente no Correio Brasiliense,
em 23 de dezembro de 2012

De menina em uma tribo indígena a uma das mais importantes vozes na luta pelos direitos indígenas. Como foi essa passagem?

Enquanto menina, achava tudo muito difícil. Morava num lugar sem estrada, sem energia ou água encanada. Sonhava em sair, conhecer outros lugares, mas não sabia como. No meio indígena, a gente se casa muito cedo, aos 12 ou 13 anos. Só que eu queria estudar. Como não tínhamos computador ou televisão, lia as revistas que pessoas de fora levavam para a aldeia. Aos nove anos, concluí a quarta série e tive que sair para um município próximo a Amarante, para continuar estudando. Minha mãe nunca leu ou estudou, mas ela sempre se preocupou em dar educação para a gente. Não consegui ficar longe por muito tempo, então voltei para Amarante e fiquei na casa de uns tios. Estudei e me mantive trabalhando em uma casa de família. Até os 15 anos, trabalhei para estudar. Foi quando recebi um convite da Funai para fazer o ensino médio em Esmeralda (MG). De cara, topei, apesar de a minha mãe, avó e tias serem contra. Foi a primeira vez que vi asfalto (risos). Chegando lá, todos queriam saber quem era a índia. Foi aí que percebi que meu povo e minha cultura eram diferentes.

Você já sonhava em ser uma articuladora da causa indígena?

Essa postura foi natural. Meu trabalho e minha atuação na Coordenação das Organizações e Articulações dos Povos Indígenas do Maranhão (COAPIMA) já me incluía em debates e discussões. Consegui colocar o Maranhão em vários conselhos: estadual e nacional, de segurança alimentar, de igualdade racial, de meio ambiente. E com isso, naturalmente, fui crescendo dentro do movimento. Tanto que, na última eleição da Coordenação das Organizações Indígenas da Amazônia Brasileira (COIAB), todos falaram que eu tinha de assumir algum cargo. Para mim, foi difícil, porque eu não queria ir para Manaus. Mas houve um consenso dos estados do Maranhão, Tocantins, Roraima, Pará e Amapá, que decidiram me apoiar, e não teve como dizer não.

Foi aí que você começou a viajar pelo mundo para falar sobre as demandas das tribos?

Em 2008, fui a Nova York para o fórum permanente da ONU sobre questões indígenas. Levava as demandas nacionais: a criminalização das lideranças indígenas, a violência nas comunidades. Com isso, fui ganhando reconhecimento no Brasil, pois eu falava por todos. Em 2009, assumi a COIAB e continuei a fazer as viagens. Comecei a discutir a questão das mudanças climáticas. De 2009 para cá, fui a todas as Conferências do Clima da ONU: Copenhagen (Suíça), Cancún (México), Durban (África do Sul) e agora, Doha (Catar). Também participei da Rio+20, onde fui a articuladora geral. Participamos não oficialmente da conferência e organizamos uma mobilização para estar junto com a Cúpula dos Povos, na qual reunimos 1.800 indígenas, para discutir o que é economia verde, mercado de carbono e o que esses assuntos significam para nós.

Um momento emblemático na sua trajetória foi a entrega de uma motosserra para a senadora Kátia Abreu. Como foi?

Foi em 2010, na Conferência do Clima em Cancún. Discutíamos o Código Florestal e fazíamos várias mobilizações contra as alterações nele. Indígenas, Ongs e ativistas ambientais pensaram em uma ação que tivesse uma repercussão na mídia para demonstrar essa insatisfação. Decidimos dar a ela um "prêmio", mas ninguém queria dar a cara a tapa. Eu disse que ia sem problemas. Nos hospedamos no hotel em que a senadora estava. Na porta de saída, onde havia várias pessoas, tiramos da mala a motosserra de ouro para premiá-la. Falei assim: "Esse é o seu prêmio por tudo o que você está fazendo pelas florestas do Brasil, senadora". Claro que ela ficou muito chateada e escreveu: "Hoje acordei com uma brincadeira de muito mau gosto. Nós estamos aqui para discutir e construir com quem quer, não com quem quer apenas criticar". Não é fácil fazer um ato desse e não ser criminalizado.

E quais são as principais reivindicações dos povos indígenas?

Para a gente, o conceito de economia verde é ter condições de manter a floresta preservada e usar os recursos do meio ambiente de forma sustentável, como fazemos. Milenarmente, os povos indígenas vivem na floresta e sabem como cuidar sem destruir. Mesmo assim, não temos condições de fazer isso, porque há exploração ilegal de terras e invasões. Nossa bandeira principal é a questão dos territórios e as condições para se viver na floresta, mantendo-a viva. Muita gente diz que o índio não precisa da terra, porque ele não vai aproveitar. De fato, por muitos anos vivemos sem fazer nenhum tipo de trabalho, aproveitamento ou extrativismo. Vivíamos apenas do que a natureza oferece. Só que hoje vemos essa questão de uma forma diferente. A gente também sabe usar os recursos naturais de uma forma sustentável. Queremos que a política nacional de gestão ambiental e territorial das terras indígenas seja implementada. Passamos três anos discutindo essa política, até que nesse ano ela foi assinada pela presidente Dilma e agora queremos que essa decisão se concretize.

Para isso, é importante estar nas redes sociais?

Não tenho Twitter, mas estou no Facebook, onde coloco textos e fotos de trabalhos e ações do movimento. Muita gente me procura para saber mais a respeito. Agora mesmo, estava falando de um pacote de medidas que vem aí e que vai contra os direitos indígenas: a portaria 303, publicada pela AGU. O movimento indígena todo está mobilizado para pedir a revogação dessa portaria, que inclui três pontos cruciais: limita o usufruto dos povos indígenas sobre os territórios, tira a autonomia indígena e abre um precedente para a revisão das terras demarcadas. Se hoje a gente luta para aumentar a demarcação das terras é porque muitas tribos no Sul e no Nordeste foram retiradas de suas terras de origem. Já a PEC 215 quer tirar as decisões sobre a demarcação das terras indígenas do poder Executivo, que no caso é a FUNAI, e passar para o Congresso Nacional. Há também um projeto de lei da mineração que está para ser aprovado e pretende fazer a exploração nas nossas terras.

Você acha que ainda falta muita informação nas escolas e nos meios de comunicação sobre a diversidade cultural dos povos indígenas no Brasil?

Falta e muito. Hoje fazemos esse enfrentamento com o governo e muitos não sabem sobre os povos. Já escutei em Manaus: "inda tem índio aqui?". Isso na cidade onde há maior concentração de indígenas do Brasil. A maioria acha que o índio é aquele no mato, pintadinho. E que tem que ficar lá. Muitos acham que quem saiu e estudou não é mais índio. Me falam que eu não sou mais índia, porque não moro mais na aldeia. Mas se você nasceu índio, você vai morrer índio. Claro que muitos indígenas saem da aldeia e se esquecem das tradições. Mas aqueles que saem para defender, para ajudar, continuam sendo índios. Muitos dizem que não devemos nos integrar à sociedade. Isso não nos impede de usufruir do que está aqui, porque também somos cidadãos e temos direitos. Isso não vai mudar a identidade do nosso povo. As pessoas precisam, realmente, conhecer essa diversidade. Somos 250 povos que falam 185 línguas diferentes. Não é porque sou índia que eu vou conseguir falar com todos os índios. A língua dos Guajajara é o tupi-guarani. Ainda falo, não com tanta fluência, mas a língua está preservada dentro das aldeias, tanto que muitos indígenas nem falam o português. Minha raiz está ali e é para lá que posso voltar.

Entrevista por João Fellet.
Publicado originalmente na BBC Brasil,
em 9 de junho de 2014

A relação dos índios com o governo federal piorou?

Piorou bastante, e o desgaste tem ocorrido por conta da omissão do ministro da Justiça, José Eduardo Cardozo, em relação à questão de demarcação de terras. Os conflitos no campo se acirraram, e ele simplesmente suspendeu todos os processos de demarcação em curso.

A Dilma demarcou apenas dez terras em quatro anos de mandato, o pior resultado para um governo desde que nossas terras começaram a ser demarcadas. Há 12 processos de demarcação na mesa do ministro Cardozo, que dependem somente da assinatura dele. Esses processos já estão concluídos e não envolvem conflito nenhum. Mesmo assim, ele não assina. Eles não querem perder o apoio da bancada ruralista para a eleição da Dilma.

O ministro diz que os processos foram paralisados para evitar conflitos e que as soluções devem ser negociadas.

Todas as medidas do governo para tentar resolver agravaram os conflitos. Quando em 2012 saiu a portaria 303 da Advocacia Geral da União [que define a posição do órgão federal quanto à demarcação de terras e, entre outros pontos polêmicos, admite obras nessas áreas se houver "relevante interesse público da União"], grandes fazendeiros voltaram a áreas que haviam sido retomadas por indígenas, e só na Bahia índios instalaram 64 acampamentos de retomada de terra.

Temos a sensação de que as mesas de diálogo não são para resolver. Como se pode fazer diálogo se apenas uma das partes tem de ceder sempre? Não são mesas de diálogo, mas de imposição.

O governo e associações rurais dizem que várias das terras reclamadas pelos índios hoje não são ocupadas por grandes fazendeiros, mas sim por pequenos agricultores, que têm os títulos dessas áreas.

Nosso problema não é com o pequeno agricultor. Em quase todas as áreas a serem livradas de intrusos ou devolvidas a indígenas, os pequenos agricultores aceitam sair se receberem indenização. Quem está lutando contra isso e pressionando são os grandes. E o governo não está a fim de pagar, por isso fica se escondendo atrás desse argumento falso.

O clima ruim com o governo se deve somente à atuação do ministro da Justiça?

O ministro da Justiça obedece ordens superiores. A Dilma não está nem aí para nós. Para ela, nem existe índio no Brasil. O interesse dela é o avanço da economia e o desenvolvimento, não importa quem estiver no meio.

Durante todo o governo, fomos recebidos uma só vez por ela, em junho de 2013, durante as manifestações. Foi até muito simpática, prometeu que nenhum ato de governo seria implantado em Terras Indígenas sem nos ouvir.

Mas o que vemos é o avanço das hidrelétricas e as obras do PAC ocorrendo sem qualquer consulta. Na região do Tapajós, no Pará, quando os Munduruku resistiram à construção das hidrelétricas que estão planejadas lá, a presidente publicou o decreto 7957, que regulamenta o emprego de forças federais em conflitos ambientais. O decreto permite a entrada da Força Nacional nas Terras Indígenas para facilitar estudos ambientais, mas a presença dela acaba inibindo manifestações.

Há espaço para os índios no modelo de desenvolvimento pregado pelo governo?

A Dilma acha que temos que comprar, consumir e fazer cooperativas para ter dinheiro. Ela pensa que, para ficarmos bem, ter qualidade de vida, precisamos ter bens, chuveiro quente, casa de alvenaria.

Nas grandes obras, às vezes oferecem às comunidades algum dinheiro, achando que vão resolver os problemas. Mas para o indígena o dinheiro acaba sendo um ponto de conflito, porque não temos o costume de lidar com ele. Não temos essa coisa de acumular riquezas.

Nossa lógica e nosso modo de vida são outros. O que a maioria dos indígenas nas aldeias quer é tranquilidade. Qualidade de vida para nós é liberdade, e liberdade é ter nossos territórios livres de ameaças e invasões para produzir sem destruir, como fazemos milenarmente.

Quem o movimento indígena vai apoiar nas eleições?

Estamos numa sinuca de bico. O governo Dilma foi muito ruim para nós, e não há nada que possa mudar nossa revolta, inclusive contra o PT. Mas outro governo de direita do PSDB seria muito ruim também. O Eduardo Campos, apesar de aliado com a Marina Silva, não sabe nem o que são povos indígenas. A Marina acabou se enrolando bastante. É um cenário político muito ruim, que não apresenta nenhuma perspectiva para nós.

Quais os temas mais urgentes para os índios hoje?

Tudo é relacionado à terra. Na Amazônia, a demarcação avançou bastante, mesmo assim praticamente todas as Terras Indígenas sofrem a exploração ilegal de recursos naturais.

Em outras áreas os índios ficaram quase sem terra nenhuma. Em Mato Grosso do Sul, a questão é mais urgente por conta da violência. Os pistoleiros entram nas aldeias, e morre gente todo dia. Em São Paulo, tem uma área, a Terra Indígena Jaraguá, em que 600 índios vivem em pouco mais de um hectare!

No Sul, os indígenas também estão sem terras e há mais de 60 acampamentos à beira da estrada. Quando eles resolvem fazer retomada e lutar pelo direito territorial, são presos.

E tem a situação no Nordeste, onde, além da criminalização e falta de terras, os indígenas têm que lutar pelo seu reconhecimento enquanto etnias, enquanto povos. Lá se acirrou muito o preconceito dos que acham que não é índio quem não tem as características físicas associadas aos indígenas. Sabemos que a violência do processo de colonização, que teve abusos de todos os tipos, inclusive sexual, mudou muito as características desses povos. É uma situação que demonstra o preconceito no Brasil contra os indígenas.

O preconceito tem aumentado?

Ao mesmo tempo que aumentou bastante o número de brasileiros que se autodeclaram indígenas, aumentou muito mais ainda o preconceito e o racismo. Até uns dez anos atrás, negavam a nossa presença, faziam de conta que não existíamos. O racismo estava escondido. Hoje o preconceito é muito mais visível e declarado.

Teve aquele caso no sul do Amazonas, onde a população da cidade de Humaitá se revoltou com os índios, tacando fogo nas aldeias e nos prédios públicos que cuidam das questões indígenas [os ataques ocorreram em dezembro de 2013 após a morte de três moradores que sumiram enquanto cruzavam uma área da etnia Tenharim; desde então, seis índios foram presos e acusados pelas mortes, mas negam o crime].

Tem havido no Brasil um forte avanço das políticas afirmativas, especialmente em favor dos negros, como as cotas em universidades e em concursos públicos. Os índios, porém, parecem ainda não ter conquistado o mesmo espaço nessas políticas e nas instituições do Estado. Por quê?

De fato tem avançado bastante a inserção do negro na universidade, inclusive em ministérios e no Parlamento. Mas isso não quer dizer que a situação deles melhorou lá na ponta. Veja a situação dos quilombos. Eles têm as mesmas dificuldades que nós. Temos a preocupação de não ter representantes só por ter. Queremos indígenas nos espaços de decisão, mas com autonomia.

É HORA DE IR PRA CIMA, PRO EMBATE

Entrevista por Maria Emília Macedo,
Carta Capital, 28 de setembro de 2013

Como se iniciou a luta pelos direitos indígenas no Brasil?

O território era a principal bandeira, foi o que motivou a luta pela Constituição Federal, em 1988, quando as lideranças participaram ativamente para garantir os nossos direitos. Conquistamos dois artigos pequenos, mas bem importantes, porque dão a nossa garantia territorial. Logo depois, foi se configurando a criação das organizações indígenas no Brasil. Foi quando surgiu a COIAB, em 1989, no momento pós-Constituinte, e outras organizações. O movimento indígena foi se organizando para lutar pelo cumprimento do direito adquirido.

Muitas terras indígenas foram demarcadas nessa época?

Por muito tempo a gente lutou pela questão do cumprimento da Constituição e aí se avançou na demarcação das terras, principalmente na Amazônia. No resto do Brasil, não muito. Povos que vivem no Mato Grosso do Sul e em estados do Sul e Nordeste até hoje não conseguiram demarcar suas terras, que foram dadas pelo próprio governo dos estados aos fazendeiros de forma ilegal. Então o movimento indígena trabalhou muito nesse momento. Depois que se avançou na demarcação das terras na Amazônia, a gente começou a luta pela sustentabilidade. Não bastava a terra garantida, tinha que se fazer a gestão, manter a terra protegida, sem invasões. A gente lutava por proteção territorial, saúde e educação. Alguns direitos foram conquistados. A educação indígena virou política pública, a saúde também. Ainda há muita coisa errada, mas são direitos conquistados pelo movimento indígena, que começou a ter mais incidência nos espaços de decisão dos governos.

E esses direitos conquistados estão ameaçados hoje?

O Congresso Nacional está vindo com toda a força para cima das terras indígenas. Qual é o interesse nisso? Tomar as nossas terras e utilizá-las para o aumento da produção e da economia do país. O que está conectado com o interesse do Executivo, pois faz parte do plano de crescimento do Brasil. O Executivo e o Congresso Nacional estão aliados para atender aos interesses do agronegócio e dos grandes empresários. Esse é o nosso maior enfrentamento dentro do Congresso Nacional hoje.

Projetos de Leis e Emendas Constitucionais propõem mudanças nos processos de demarcação de terras indígenas. O que está em jogo?

A gente tem uma demanda de demarcação ainda muito grande no Brasil e não vemos interesse do Governo Federal em avançar nisso. O que a gente vê é o retrocesso. Meses atrás a ministra Gleisi Hoffmann, da Casa Civil, suspendeu os estudos de identificação no Sul do país. Há interesse de se travar os processos de demarcação por conta dos interesses pessoais dos deputados latifundiários, que têm grandes extensões de terras. Projetos como a PEC 215, a PEC 38, o PLP 227, não só dificultam a demarcação, como tentam rever terras já demarcadas. Também existem casos de áreas demarcadas, mas muito pequenas, e determinados povos tentam a sua ampliação há anos. Com essas medidas, não se poderá mais ampliar a terra indígena no Brasil.

O que o movimento indígena fez até agora para impedir a PEC 215?

Em abril, ocupamos o plenário da Câmara e conseguimos impedir a instalação da comissão especial que vai dar o parecer sobre a PEC. Também conseguimos instalar um Grupo de Trabalho paritário entre indígenas e parlamentares para se discutir a questão. De abril até agora, setembro, o GT fez várias reuniões e audiências públicas com a participação de juristas importantes. A conclusão foi que a PEC 215 é inconstitucional. Portanto, inviável, porque sugere sobreposição de poderes. A Frente Parlamentar de Defesa dos Direitos dos Indígenas entrou com uma petição colocando todos os pontos da inconstitucionalidade. Mas mesmo com o resultado do GT, o presidente da Câmara criou a Comissão Especial que vai analisar a proposta, e sem a participação do PT, que se negou a indicar seus membros por ser contra a proposta. A instalação está programada para a semana da mobilização e a gente vai achar ótimo (risos).

Executivo se diz contra a PEC 215?

O Executivo não concorda que tire esse poder dele e passe para o Legislativo. Inclusive, a presidente Dilma, na reunião com o movimento indígena em julho deste ano, afirmou que é veementemente contra. Foi essa a palavra que ela usou. A Dilma disse que está junto com o movimento indígena para não aprovar essa PEC. A gente acha que ela chamou a base do PT na Câmara para fazer essa incidência e os parlamentares se manifestaram contra.

O PLP 227, que legaliza latifúndios e assentamentos dentro das terras indígenas, foi anunciado no mesmo dia da reunião com a Dilma. Como o movimento indígena recebeu essa notícia?

No momento em que estávamos conversando para tentar um diálogo com o governo, anunciam o projeto de lei 227. A gente se sentiu totalmente traído, porque foi articulado entre o Executivo e o Legislativo. No momento em que ela falava que era contrária a PEC 215, já estava dada a carta branca para negociar o PLP 227. É um jogo muito articulado entre os poderes para avançarem com seus interesses. O PLP 227 é muito mais perigoso que a PEC 215, porque diz que tudo que é de interesse relevante da União pode ser instalado sem direito à consulta. O que eles entendem como relevante interesse é o interesse privado, os empresários explorando as terras indígenas. E como é complementar está mais fácil ainda, porque não precisa ser discutido, vai para a plenária direto para votar, e o voto é fechado. Já foi criada uma Comissão Especial para dar o parecer do 227.

E o PL da Mineração?

Ele é extremamente perigoso, pois é para atender os interesses dos grandes empresários da mineração, que querem explorar em terras indígenas. Eles vão dizer que "as comunidades vão se beneficiar", mas não vão. Não podemos pensar dessa forma e receber compensações. A gente não tem que negociar o direito do usufruto exclusivo dos povos indígenas, que a Constituição garante. Assim, a terra deixa de ser um bem do povo indígena e passa a ser do interesse privado.

E o "decreto da repressão"? Por que foi apelidado com esse nome pelo movimento indígena?

O Decreto 7.957, instituído este ano, é uma medida autoritária porque regulamenta a atuação das Forças Armadas na proteção ambiental. Foi criado para garantir que sejam feitos os estudos de licenciamento ambiental dos grandes empreendimentos e impedir que os indígenas façam manifestações contrárias a esses estudos. Ou seja, se utiliza a Força Nacional para proteger a realização dos estudos, mas, na verdade, ela deveria fazer a proteção do território para os índios viverem de forma mais tranquila.

Como o movimento indígena está enfrentando essas ofensivas?

As ofensivas vêm tanto do Legislativo como do Executivo. E do Judiciário também, porque há uma morosidade muito grande em resolver os casos sobre a questão da terra. Na verdade, os três poderes estão contra os direitos indígenas. Essa é a nossa avaliação. Os ataques aos direitos indígenas são para atender o modelo desenvolvimentista do país e os interesses pessoais do agronegócio. O Executivo tem seus projetos desenvolvimentistas e o Congresso os seus parlamentares ruralistas. No ano passado, a gente focou a luta contra a Portaria 303. Foram várias manifestações em todo o país. O movimento indígena teve uma presença quase permanente em Brasília. Conseguimos que os ministros anunciassem a sua suspensão temporária. Em junho, fizemos um "tuitaço" e o PLP 227 foi o assunto mais comentado do mundo nas redes sociais. Ele estava para ser votado naquele dia em requerimento de urgência e conseguimos impedir.

Como será a mobilização na próxima semana?

O movimento indígena se organizou para estar em Brasília durante toda a semana. Conseguimos a adesão de várias entidades e movimentos sociais. Cerca de mil lideranças estarão em Brasília para refletir e discutir os 25 anos de Constituição. Como se deu essa luta? O que a gente conquistou? O que podemos fazer para não perder os nossos direitos? Temos audiências marcadas no Congresso Nacional, com os ministros, e no Judiciário. Essas leis e medidas anti-indígenas despertaram no movimento a vontade de ir para as ruas de novo. Os povos estão se juntando e acreditando que podem travar todas essas medidas postas pelos três poderes. O movimento indígena nacional se fortaleceu. Como dizem nossos parentes, o momento é de guerra. A gente tem que ir para cima mesmo, não tem mais como você ficar assistindo ou reclamando. Eles estão vindo com muita força. É hora de ir para cima, para o embate.

"QUANTO MAIOR A AUTORIDADE, MAIS FORÇA EU TENHO PARA ENFRENTAR"

Entrevista por Alan Azevedo, revista Greenpeace, dezembro de 2015

No Salão Nobre do Palácio do Planalto, em Brasília, cerca de trinta cadeiras coloniais de madeira estavam dispostas lado a lado para a edição de 2015 da Ordem do Mérito Cultural, uma cerimônia que homenageia importantes figuras que compõem a cultura brasileira. Tomando seus assentos, via-se desde músicos, atores e escritores a representantes do candomblé e índios.

Sentado ao lado do palco, de onde se desmembrava uma passarela branca que percorria todo o salão, avistei Sônia Guajajara, uma das principais lideranças indígenas do Brasil. Tentei chegar até ela para agradecer o convite ao evento quando as luzes se apagaram para dar lugar à luz das pequenas lâmpadas instaladas ao longo de toda a passarela.

A presidente Dilma Rousseff chamava os homenageados e os condecorava. Um a um, eles percorriam toda a passarela serpenteando o público presente. Em sua vez, a índia guajajara de 41 anos entregou para a presidente uma camiseta com a estampa PEC 215 Não, e conseguiu que Dilma posasse para a foto oficial com a mensagem sobre o peito.

Ao final da cerimônia, pude alcançá-la. "Conseguiu tirar as fotos?", e eu fiz que sim. "Você não tirou nenhuma comigo sorrindo né? Porque eu queria estar séria. Nada de sorrir para a presidente".

* * *

"Eu nasci no povoado de Campo Formoso, que apesar de ser área indígena, ficou fora do limite de demarcação da Terra Indígena (TI) Arariboia, no Maranhão. Era um espaço de convivência entre os índios e não-índios, sendo que muitos se casavam entre si".

Estamos sentados sob a sombra de uma árvore, ao lado do moderno prédio da Procuradoria-Geral da República, em Brasília. Soninha conta que esse é o caso dos seus pais. De um total de oito, ela é a segunda filha de um não-índio com uma guajajara.

"Trabalhava com meus pais na roça, fazia de tudo. Plantava arroz, milho, mandioca. Colhia também, ia apanhar feijão, quebrava milho. A gente fazia muita farinha e vendia. Era a nossa renda. Meu pai sempre foi muito trabalhador, mas dizia que a gente tinha que estudar, e não ficar ali. Essa fase durou pouco tempo, porque, nos povoados vizinhos, só tinha escola até a 4ª série. Com dez anos fui com um grupo de indígenas estudar em outro município. Eu também sempre pensei para fora, queria viver coisas diferentes do que a gente vivia lá. Sempre me chamaram de espoleta".

Depois de completar o colégio no município de Amarante, no Maranhão, Sônia foi fazer o colegial em Minas Gerais.

"Eu e meu colega éramos os únicos índios na escola e a gente ouvia perguntas do tipo 'o que que come lá?', 'índio come gente?'. E eu tinha o maior orgulho de falar da minha cultura, de falar como era a vida e como a gente fazia. Tanto que, no grêmio estudantil, eu sempre fazia uns trabalhos sobre questão indígena. Olha que curioso, eu nem sabia que ia viver isso aqui hoje, ainda mais liderando um movimento, mas na época eu já fazia apresentação na escola simulando invasão de terra. Então a gente simulava fazendeiro ou madeireiro entrando, e eles pegavam as índias, levavam ou amarravam, sabe? Colocavam as meninas e os meninos para se vestir de índio. Ficou tão bom que a gente foi apresentar em outras escolas!".

* * *

– Soninha, você já tem 17 anos e o colegial completo. Te chamei aqui na minha casa para dizer que a partir de hoje você vai ser a nossa representante mulher. Eu sempre participei muito dos encontros indígenas e já viajei o bastante. Eu vou te apresentar para as entidades e os parceiros que trabalham com a gente e dizer que a partir de hoje é você que nos representa. Agora isto é seu.

De volta ao seu povoado natal, a jovem índia assumia sua missão de vida ao receber de sua tia Maria Santana Guajajara um cocar de penas e um colar – o símbolo de uma grande liderança.

No gramado a nossa volta, dezenas de índios descansam após um protesto no Anexo II do Congresso Nacional, onde ficam as comissões parlamentares. Com a aprovação da PEC 215 no fim de outubro, comitivas de diferentes povos do Brasil inteiro se revezam para vir à Capital Federal pressionar a dita Casa do Povo contra o projeto que ameaça paralisar de vez a demarcação de terras indígenas. Soninha, como é conhecida, dedica um pouco de tempo para falar com cada parente indígena e depois volta à história.

"Eu sempre li muito bem e escrevi também. Diziam que eu lia cantando. Então tudo que falavam eu anotava e, no fim, eu tinha uma ata pronta. Com uns dezoito anos, eles começaram a me chamar para as reuniões aqui em Brasília. Mas nunca deixei de estudar. Fui fazer um curso de medicina natural no interior de São Paulo e voltei para prestar assistência nas escolas da rede pública de Imperatriz [MA]. Virei professora e subdiretora da escola. Nisso, um servidor da Funai falou que eu tinha que voltar a estudar, se eu não queria ir fazer um curso de auxiliar de enfermagem. A Funai fez minha matrícula, e me mudei para Imperatriz. O curso durou um ano e meio, mas a Funai parou de pagar, e comecei a dar aula de português em uma escola pública e também em uma particular".

Outra comitiva de índios chegava à Procuradoria-Geral da República, onde uma Audiência Pública, promovida pelo Ministério Público Federal (MPF), iria debater a PEC 215 e a demarcação de terras no Brasil. Assisti aos grupos de indígenas se juntarem e seguirem rumo à entrada do auditório enquanto entoavam em alto volume suas músicas tradicionais.

* * *

A gravidez era tranquila. E apesar do calor, a baixa incidência de doenças na Aldeia Canudal (TI Arariboia), onde Sônia atendia como enfermeira no posto de saúde, não afetava sua gestação.

Mas logo sua barriga somava oito meses de espera, e era hora de voltar para Imperatriz, onde seu marido a aguardava. Apesar de serem recém-casados, Lindomir trabalhava na cidade e Sônia em Canudal, então pouco se viam.

– Não vai ter caminhão para levar a gente até o ponto do ônibus. O jeito é ir a pé – disse Leia Guajajara, sua amiga professora. Ela e Welington, seu marido e também professor, acompanham Sônia em uma caminhada de quinze quilômetros até onde sai o transporte para a cidade de Imperatriz.

Com suas bagagens nas costas, mãos e cabeça, caminharam sob o sol sempre forte do Maranhão durante uma manhã inteira ao longo de uma estradinha de terra. A área é de floresta, o que ajuda um pouco com as sombras, mas a via é realmente péssima, esburacada, tem pedras e, para completar, muita ladeira.

Finalmente, chegaram ao ponto, e depois de mais algumas horas, Sônia enfim alcançou Imperatriz. Após aguardar o mês final de gestação, o casal seguiu para o hospital e se instalou na sala de parto. Depois de toda a espera e a sofrida caminhada de sua mãe, Itaniara precisou de apenas cinco minutos para nascer.

* * *

Encontro com Soninha em seu hotel às 8h da manhã de uma sexta-feira chuvosa em Brasília. No dia anterior, ela havia participado de uma mesa de debate com duração de sete horas. Alguns indígenas se concentram no salão principal, à espera da saída da comitiva. Sônia conversa com a maioria, um a um.

Junior Xucuru, um jovem indígena que ajuda na atuação constante de pressão no Congresso, se anima na conversa: "Toda vez que Soninha liga, preparo logo a lancheira e ligo para um advogado, sempre que a gente sai com ela ou passa fome e sono ou preso ou apanha da polícia".

Após acertar os últimos detalhes da saída, ela se senta comigo num sofá do mezanino, em um lobby mais afastado.

"Com dois anos ela ficou um mês doente e não aguentou. Depois que minha filha morreu, eu não conseguia ficar em casa. Saía do trabalho na APAE [Associação de Pais e Amigos dos Excepcionais] e ficava dando voltas com os ônibus para não voltar para casa. Por outro lado, eu foquei muito no trabalho e fiz faculdade de letras da Universidade Estadual do Maranhão. Fiz concurso público de professora pelo município de Imperatriz e fui dar aula na própria APAE.

Em 2001, tive a oportunidade de participar de um encontro indígena em Brasília. Não foi a primeira vez na cidade, mas foi a primeira vez que eu participei do movimento nacional. Cheguei na coordenação do evento e perguntei como eu podia ajudar. Depois de fazer algumas atas e relatórios, me indicaram para participar de um encontro do Movimento Negro, na Bahia. Eu nem pedi licença para a diretora da escola, nem avisei em casa, nada. Fui para Porto Seguro e isso mudou o rumo da minha vida.

Foi aí que eu vi todos os temas, todas as pautas à respeito das minorias. Fiz um discurso, fui aplaudida e me apaixonei. Mas fiquei numa inquietação tão grande que quando voltei para o Maranhão comecei a trabalhar para estabelecer a COAPIMA."

* * *

Após seis anos se destacando como secretária de coordenação da COAPIMA e dividindo metade do seu salário de professora com uma amiga que a substituía na escola para poder trabalhar na causa indígena, Soninha recebeu o convite para concorrer como secretária de coordenação da COIAB, que é a Coordenação das Organizações Indígenas da Amazônia Brasileira.

"Secretária de novo? Eu não. Fui concorrer a vice-coordenadora, eu queria ir para a disputa. E no meu discurso, fui muito aplaudida. No fim, se somassem os votos dos outros dois que concorriam a vice-coordenador não dava o total que eu recebi.

Aí eu mudei para Manaus, isso em 2009. Fiquei quatro anos, que é um mandato. Foram quatro anos dedicados exclusivamente ao movimento indígena. Fui para os encontros de clima (COP) no estrangeiro, ocupamos a Transamazônica, o canteiro de obras de Belo Monte. Se a COAPIMA foi meu ensino médio, a COIAB foi minha faculdade e meu mestrado. Foi nesse ponto que comecei a ser considerada uma liderança indígena nacional."

Em 2013, já mãe de Luiz Mahkay, Yaponã e Ywara, Soninha começou a trabalhar com a PEC 215 e se tornou coordenadora executiva da Articulação dos Povos Indígenas do Brasil (APIB). Foi na Apib que se deu o pontapé inicial para as mobilizações de rua. Pela primeira vez na história o plenário da Câmara foi ocupado. Dali se criou um Grupo de Trabalho (GT) paritário entre os indígenas e parlamentares para discutir a PEC 215.

81

"Esse GT trabalhou durante 5 meses realizando várias discussões e audiências dentro da Câmara dos Deputados, e concluiu um relatório declarando a inconstitucionalidade da PEC. Mesmo assim o presidente da Câmara, Henrique Eduardo Alves, disse ter compromisso firmado com a bancada ruralista, e que a proposta iria tramitar. É muito mais difícil agora, mas eu gosto mais. Aqui em Brasília, você está em enfrentamento direto com deputado, olha nos olhos desses políticos. Eu me sinto muito bem fazendo isso. Tenho um negócio que quanto maior é a autoridade, mais força eu tenho para enfrentar".

* * *

Sento num restaurante chinês com a antropóloga Luciene Pohl, uma grande amiga de Soninha dos tempos da COIAB. Quando o assunto é a sua amiga guajajara, o que impera são histórias hilárias das duas. Mas destaca uma última que, segundo ela, ganha de todas as outras.

"Você não sabe a última que essa maluca foi fazer. Cantou um rap num show do Criolo, B Negão e KL Jay, em São Paulo. Eles fizeram um evento bem legal pelos direitos indígenas e contra a PEC 215. E a Soninha subiu no palco e puxou a música do Criolo: 'ninguém vai me frear, ninguém vai me dizer o que eu devo fazer nessa porra'. Ela praticamente fez um show. Depois deu uma aula sobre a PEC 215 para todo o público. Era para falar dez minutos mas falou vinte e cinco. E a galera fez coro. É a Soninha né, não tem jeito."

"OS ÍNDIOS AINDA SÃO INVISÍVEIS"

Entrevista por Tatiana Mendonça,
jornal A Tarde, 27 de março de 2017

O novo ministro da Justiça, Osmar Serraglio, declarou recentemente que terra "não enche a barriga de ninguém" e que o importante é que indígenas tenham "boas condições de vida". Como a senhora analisa essa fala?

Essa declaração mostra a ignorância dele sobre a questão indígena. Deveria saber que os indígenas têm um modo de vida que depende da garantia territorial, como prevê a Constituição. Sem a terra, é impossível. Isso mostra o tamanho do desrespeito dele para com a cultura, a tradição dos povos originários.

Em novembro passado, a Casa Civil da Presidência devolveu à Funai 13 processos de demarcação de terras indígenas que aguardavam homologação presidencial. No governo Dilma, poucas áreas foram demarcadas. Nesse sentido, o cenário de garantias dos direitos indígenas piorou no governo Temer ou manteve-se igualmente desfavorável?

O cenário se complicou mais ainda. Antes já estava difícil, já estava tudo paralisado, mas agora há uma decisão política do governo e uma aliança forte entre o Executivo, o Legislativo e até o Judiciário. No Legislativo há mais de 180 medidas anti-indígenas que visam retroceder ou suprimir direitos. Dessas, 19 dizem respeito diretamente à flexibilização do licenciamento ambiental, para facilitar a implantação de hidrelétricas, para expansão do agronegócio, da pecuária... Ou seja, facilitar o acesso deles aos territórios indígenas. E no Executivo eles tentam viabilizar essas intenções por meio de portarias e decretos. No início deste ano, houve uma portaria do Ministério da Justiça, a 68, que nós conseguimos derrubar, mas logo em seguida foi editada outra portaria, a 80, que tem praticamente o mesmo teor. Essa portaria cria um grupo de trabalho (GT) para identificar as terras indígenas, papel que hoje é da Funai. Esse GT está vigente, está valendo. Com isso, eles tentam de certa forma concretizar a PEC 215, que está parada no Congresso por pressão nossa, por pressão internacional [a PEC previa transferir ao Congresso a decisão final sobre a demarcação de terras indígenas e territórios quilombolas]. Esse GT desconsidera todo o parecer antropológico da Funai. Então a intenção é mesmo suspender todo e qualquer tipo de demarcação de terra. E no Judiciário, que a gente sempre viu como aliado, há hoje essa interpretação de que só pode ser considerada terra indígena aquela em que se comprovar a presença indígena até o dia 5 de outubro de 1988 [data de promulgação da Constituição]. Com isso, o STF está desconsiderando o território tradicionalmente ocupado. Muitos foram expulsos por conflitos com os invasores.

Mesmo com todas essas dificuldades, as demarcações na Amazônia aconteceram com mais celeridade que em outras regiões do país, como o Nordeste. Por que isso acontece?

Hoje, 13% do território nacional já é terra indígena, regularizada. Desses, a maioria – tem gente que fala em mais de 90%

– está na Amazônia, de fato. As demais regiões têm ainda um passivo muito grande. Aqui na Bahia, os indígenas vivem em constante luta pela retomada dos seus territórios tradicionais. No Centro-Oeste, no Sudeste, é a mesma coisa. Os fazendeiros jogam a responsabilidade para o estado, que não quer assumir as indenizações, até porque há aí os interesses da bancada ruralista, que é forte, então essa situação não consegue ser resolvida. Esses políticos gostam de dizer que nessas regiões só há 'índios genéricos'... Constroem todo tipo de argumento para inviabilizar as demarcações. Na Amazônia, a gente teve esse avanço muito por conta da pressão mundial pela preservação da floresta, que é a mais diversa do mundo. Não foi só por interesse do governo brasileiro... E mesmo essas terras regularizadas sofrem muita pressão e invasão de madeireiros, mineradoras, o que acaba gerando muitos conflitos.

As pessoas fazem pouco essa ligação de que as demarcações de territórios indígenas acabam contribuindo para a preservação dessas áreas.

Sim, é verdade. Poucos têm essa consciência. Esses territórios não só proporcionam a manutenção do modo de vida indígena como também proporcionam o equilíbrio ambiental, climático, o regime de chuvas, preservam as nascentes, a qualidade do ar... Tudo isso é protegido com nosso próprio modo natural de viver. E o benefício não fica só para nós, fica para todo mundo. Isso garante a vida no planeta. Se não fossem os territórios indígenas, o Brasil já seria um verdadeiro deserto.

A senhora está sempre em Brasília dialogando com os parlamentares no Congresso. Quão sensíveis eles são à causa indígena?

É um cenário muito hostil. Dos 513 deputados, não somam 20 com a gente. Desses, tem oito ou 10 que estão ali mais diretamente, são os que a gente pode contar com a ajuda. Temos quatro frentes de atuação: 1. fazemos articulação com as entidades de apoio, nacionais e internacionais; 2. temos articulação com os assessores dos parlamentares, para que eles mandem para a gente o que está rolando; 3. quando vemos que é algo grave, fazemos mobilizações; 4. fazemos nossos rituais de pajelança, cantos, dança, que têm dado uma força grande para a gente continuar nessa frente de resistência. E acho que, mesmo com esse pouquinho de parlamentar que tem lá com a gente e com esse tanto contra nós, acho que estamos conseguindo travar muitas medidas, como a PEC 215, que já era para estar em vigor se não fossem nossas mobilizações. E aí também viajo para fora, são muitas atividades internacionais. Já fui fazer denúncias na sede da ONU, em Nova York, na sede do Conselho de Direitos Humanos, em Genebra... É uma agenda intensa.

Ia te perguntar onde a senhora mora, mas parece que é no avião...

Essa é a pergunta mais difícil de te responder. Tenho minha casa lá em Imperatriz, no Maranhão, onde meus filhos ficam com minha família. No começo foi complicado, porque eles não entendiam o que eu fazia. Não era nem uma questão de aceitar, mas de entender. Meu pai dizia: 'Que trabalho é esse, Soninha, que não para em casa?'. E minha filha falava: 'Mãe, o que é mesmo que a senhora sabe fazer? Só vejo a senhora conversando, fazendo reunião, sentada no computador...' (risos).

A senhora é a coordenadora da Articulação dos Povos Indígenas do Brasil (APIB). Acredito que a mulher não ocupe um lugar de liderança nas aldeias, não é? Que tipo de resistências a senhora enfrentou nesse processo?

Nas culturas indígenas, não é muito comum mesmo as mulheres assumirem esse protagonismo para fora. Assumem muito internamente. Aí elas têm um papel fundamental, sabe, de dizer, de dar comando. Mas muitos povos não permitem que elas estejam publicamente à frente das decisões. Uma ou outra mulher consegue se sobressair e dar um passo à frente. Para mim, no início, enfrentei não resistência, mas os caciques, as lideranças masculinas, sempre viam as mulheres num papel mais secundário, como secretárias. Quando eu comecei era muito isso. Eles me levavam para fazer os relatórios, para escrever. Ao longo do tempo, fui ganhando confiança e credibilidade junto às lideranças. E aí fui assumindo cada vez mais esse papel de protagonista. Da associação do meu estado, fui para uma associação de toda a Amazônia brasileira, a Coiab, e lá fui convidada para ir para a coordenação, mas ainda como secretária. Era a boazinha ali para fazer as coisas para eles... Mas aí a gente se juntou, as mulheres, e elas me falaram que eu tinha toda condição de concorrer para coordenadora-geral e que primeiro, para não afrontar os meninos, eu devia sair como vice. E aí eu fui para cima. Eles relutaram, resistiram, porque já tinha outros candidatos a vice, e eu disse 'então vamos fazer a votação na assembleia'. Concorri com duas lideranças, dois homens, e foi uma votação esmagadora. Os votos dos dois [somados] não deu nem a metade dos meus. Daí já fui pra o mundo. Em 2009 assumi a coordenação geral da Coiab e em 2013 fui eleita para a coordenação executiva da Apib. Hoje sinto que há uma confiança no meu trabalho. Sempre tive como missão trabalhar pelo coletivo. É algo que escutei de todas as lideranças, dos mais velhos, que nós, povos indígenas, temos que viver em coletividade. É um dos princípios fundamentais da nossa identidade. Não consigo ser sozinha em nenhum lugar, nem em casa.

Como a APIB enfrenta problemas mais cotidianos da vida nas aldeias, como o crescente alcoolismo entre os indígenas e a ausência de escolas bilíngues para as crianças?

Hoje, pela aproximação das cidades com as aldeias, várias coisas vêm interferindo no cotidiano dos indígenas. Como é uma coisa que vem de fora para dentro, essa coisa do alcoolismo, os indígenas não sabem lidar com isso e acabam sofrendo muito. Parece que eles têm menos resistência ao álcool, e isso faz com que fiquem muito vulneráveis. Cada povo lida com a questão de um jeito, mas é uma preocupação grande buscar uma forma de minimizar essa situação. Sobre as escolas, a educação ainda é mui-to fragilizada também. Embora haja a lei que garanta o professor bilíngue, que trabalhe a língua materna, isso ainda é algo muito incipiente. No Maranhão, faltam professores, não há oferta regular de merenda... É uma situação muito instável em relação a tudo.

Por que, na sua opinião, o movimento indígena não se fortaleceu no Brasil, a exemplo do que ocorreu com os movimentos negro e feminista?

De fato, embora sejamos povos originários, a gente ainda é muito invisível e ignorado não só pelo poder público como pela própria população. A população é muito desinformada em relação à presença e à cultura dos povos indígenas. A gente ainda ouve muitas perguntas assim: 'Ah, ainda tem índio aqui no Brasil?'. E nos últimos anos, além do desconhecimento, houve um aumento muito grande do racismo, do preconceito. Vários indígenas estão enfrentando racismo dentro da universidade, nas redes sociais. A gente atribui isso também aos próprios discursos de pessoas públicas, principalmente políticos, que a todo momento dizem que os indígenas estão tomando terras, são preguiçosos, bêbados. Exemplo disso é Roraima, que eles tentam a qualquer custo dizer que depois da demarcação da Reserva Raposa do Sol a situação dos indígenas piorou. No Mato Grosso do Sul dizem que os indígenas são invasores das terras, sendo que na verdade eles que estão sendo assassinado pelos invasores. Há essa inversão de entendimento.

A senhora foi vítima desse tipo de preconceito quando frequentou a universidade?

Não. Nessa época as pessoas viam a gente como o diferente, o exótico. Todo mundo queria agradar, conhecer, pegar... Fui a primeira da minha aldeia a fazer universidade, hoje tem muitos... Meus pais não queriam deixar eu sair para estudar. Aliás, para eu sair para fazer o ensino médio já foi sem eles deixarem. Eu ia fazer 15 anos... Até que meu pai disse: 'Então vá, e quando quiser, volte'. Fui agarrada nessa palavrinha dele. Sempre tive a certeza de que não queria permanecer ali como todo mundo estava, indo para a roça, casando cedo... Eu via as meninas casando e dizia: não quero, eu vou-me embora estudar, viajar, ir a outros cantos...

Li que em meio às suas atividades a senhora conheceu a modelo Gisele Bündchen. Como aconteceu esse encontro?

Ela me convidou para gravar um programa da National Geographic para falar sobre os impactos da pecuária na Amazônia. E aí conversou com várias pessoas, comigo, com José Serra [ex-ministro das Relações Exteriores]. Ela contou que quando terminou a entrevista com Serra, saiu chorando, porque sentiu uma energia muito ruim. E que quando terminou de falar comigo, chorou também, mas de felicidade, porque viu uma esperança. Ela foi muito gentil, atenciosa. E eu falei que ela precisava se envolver mais, apoiar mais, porque a gente está aqui precisando muito de pessoas para dar visibilidade a essa causa.

O escritor Daniel Munduruku disse certa vez, em entrevista à Muito, que as escolas tinham que abolir as comemorações

pelo Dia do Índio, porque se limitavam ao folclore. A senhora concorda?

Não sou contra, sabe? Acho que tem que ser uma data melhor aproveitada. É a mesma coisa do Dia das Mulheres. Não é um dia para dar parabéns e florzinha, não é isso que a gente quer. É um dia de luta, de mobilização. E o Dia do Índio acho que é a mesma coisa. A gente precisa adentrar as escolas e mostrar os indígenas de hoje, mostrar como a gente luta, resiste. Os livros didáticos continuam mostrando os índios do passado. Tanto que os textos dizem: 'Os índios eram assim, viviam assim...'. É tudo no passado. E a gente está aqui, presente, vivendo essa guerra constante.

A DEMOCRACIA QUE QUEREMOS

Texto publicado na Mídia Ninja, em abril de 2017

Nossa Constituição, quando foi promulgada em 1988, recebeu o apelido de Constituição Cidadã, tal era a quantidade de leis criadas para garantir os direitos fundamentais dos brasileiros.

Era a Constituição que vinha para remover o entulho autoritário e antidemocrático da antiga carta, criada sob a égide da Ditadura Militar. Naquele final dos anos 1980, a liberdade e a democracia voltavam a fazer parte dos sonhos da nossa sociedade.

Um largo passo foi dado também na garantia de direitos dos povos indígenas, contrapondo o período da ditadura, quando muitos povos tiveram sua população reduzida. Segundo a Comissão Nacional da Verdade, foram mais de 8 mil indígenas mortos ou que sofreram por tentativa de assimilação.

A Constituição Federal de 1988 seria o ponto de mudança, estabelecendo o respeito à terra e também às nossas culturas.

Com o artigo 231, ficou reconhecido "aos povos indígenas sua organização social, costumes, línguas, crenças e tradições, e os direitos originários sobre as terras que tradicionalmente ocupam, competindo à União demarcá-las, proteger e fazer respeitar todos os seus bens".

Terras tradicionalmente ocupadas, a própria Constituição as define, são as terras habitadas pelos povos indígenas em caráter permanente; utilizadas para suas atividades produtivas; imprescindíveis a preservação dos recursos ambientais necessários ao bem dos povos indígenas; e necessárias à sua reprodução física e cultural; tudo segundo seus usos, costumes e tradições.

Essas garantias fundamentais eram uma esperança aos nossos povos, vitimados por mais de 500 anos de exploração, expropriação e genocídio. Não nos enganemos, entretanto. Nada disso caiu do céu.

Essa Constituição, que foi fruto do processo democrático com que sonhava nossa sociedade depois de mais de 20 anos de ditadura, não nasceu sem que precisássemos lutar por ela. O movimento indígena atuou intensamente pelos avanços ali incorporados.

A mobilização indígena iniciou-se, de maneira mais organizada, na década de 1970, diante da necessidade da proteção de terras ameaçadas pelas políticas expansionistas da ditadura militar. Na década de 1980, eleito o primeiro deputado indígena, lutamos por representações políticas e pela participação do movimento na Constituinte. Nos anos seguintes, continuamos pressionando o Congresso Nacional, organizando protestos e criando frentes autônomas de reivindicações. Era preciso que as leis, que garantiam nossos modos de vida, também saíssem do papel.

E o que vemos hoje?

A Constituição está ameaçada. Seus princípios estão sendo pisoteados. E nossa sociedade não pode mais se orgulhar do seu sonho democrático.

Tudo o que construímos está sendo varrido hoje por uma onda de crescimento dos grupos ultraconservadores, de acirramento das desigualdades, da violência contra as mulheres, população LGBTT e população negra, da precarização do trabalho, entre tantos outros atrasos.

Nós, os povos indígenas, estamos sentindo na carne o retrocessos nas políticas e legislações indigenistas, como a paralisação das demarcações indígenas; o enfraquecimento das instituições e políticas públicas indigenistas; as iniciativas legislativas anti-indígenas que tramitam no Congresso; a tese do "Marco Temporal", pela qual só devem ser consideradas Terras Indígenas as áreas que estavam de posse de comunidades indígenas na data de promulgação da Constituição (5 de novembro de 1988); os empreendimentos que impactam negativamente os territórios indígenas; a precarização da saúde e educação indígenas diferenciadas; a negação do acesso à Justiça; e a criminalização das lideranças indígenas.

Para apenas citar dois casos emblemáticos, relembremos a construção da usina de Belo Monte, que trouxe a destruição do modo de vida tradicional e do meio ambiente no Rio Xingu; e os conflitos e os constantes massacres dos Guarani Kaiowá no Mato Grosso do Sul, motivados pela ganância dos latifundiários por ainda mais terras.

Tudo isso são grandes retrocessos não apenas para os povos indígenas, mas também para as garantias dos direitos humanos no Brasil.

Os ataques aos nossos povos estão sendo orquestrados pela bancada ruralista no Congresso Nacional, por setores do judiciário, por diferentes setores do Estado e pela gestão do ilegítimo governo Temer, com apoio do poder econômico que lhes dão sustentação.

Somente unidos e mobilizados conseguiremos barrar os retrocessos em curso. Queremos que nossa Constituição seja respeitada e, para isso, iremos fazer nossa voz ser ouvida.

Estamos, neste momento, preparando o Acampamento Terra Livre (ATL), a maior mobilização de povos indígenas do país.

Iremos reunir mais de mil e quinhentas lideranças indígenas de todo o país entre 24 a 28 de abril em Brasília. Essa será nossa resposta à grande ofensiva contra nosso direitos, articulada nos poderes Executivo, Legislativo e Judiciário.

Nosso objetivo é reunir uma grande assembleia de lideranças dos povos e organizações indígenas de todas as regiões do Brasil para discutir e definir posições sobre a violação dos direitos constitucionais e originários dos povos indígenas e das políticas anti-indígenas do Estado brasileiro.

Neste ano, o lema do encontro é "Unificar as lutas em defesa do Brasil Indígena. Pela garantia dos direitos originários dos nossos povos".

Lutaremos novamente pela democracia que já conquistamos com a Constituição Cidadã de 1988.

Texto publicado em #AgoraÉQueSãoElas,
em 17 de setembro de 2017

Domingo o país parou, surpreso, diante da entrada da liderança indígena Sonia Guajajara no palco do Rock in Rio durante o show da cantora Alicia Keys. Keys, comovida com o momento delicado que nosso país enfrenta e com o que boa parte de nossa classe política está disposta a fazer com a Amazônia, convidou Guajajara para subir ao palco e falar para os milhares assistindo ali e os milhões assistindo de casa sobre os riscos que estamos correndo. Sobre a perversidade do momento em que estamos imersos. E do caminho sem volta que querem nos impor.

Sonia chocou a plateia ao dizer: "existe uma guerra contra a Amazônia" e convidar o mundo todo para se alistar do lado certo: #342Amazônia. Two girls on fire no palco lutando pelo mundo em que vivemos, porque não há plano B.

Hoje, Sonia fala ao #AgoraÉQueSãoElas sobre ser mulher nessa luta pelos povos indígenas e pelo planeta e sobre o que é o feminismo indígena.

Não existe plano B para o planeta, estamos esgotando o plano A. O que podemos aprender com as mulheres indígenas para não jogar fora esse restinho de chance que nos resta de salvar o mundo?

As mulheres indígenas sempre foram as primeiras na linha de frente dessa resistência e seremos as últimas se preciso for. A gente, enquanto filha, mãe, avó sempre foi a base fundamental da nossa sociedade. Internamente, sempre lutamos para dar orientações para a tomada de decisões. E o que a gente sempre trouxe para a defesa da natureza é que nós não somos guardiãs dela. Nós somos a própria natureza. Se permitirmos a destruição da natureza, estamos permitindo a nossa destruição.

Nós sempre estivemos na linha de frente, mas na base. Agora estamos aqui assumindo o protagonismo. O que queremos dizer é que é preciso que as pessoas voltem a viver como os povos indígenas. Cuidando. Usando, mas sem destruir.

Você enfrenta desafios por ser uma liderança indígena mulher? Seja dentre os povos indígenas, seja diante de interlocutores não-indígenas? Você sente uma resistência no exercício da sua liderança por ser mulher?

Existe sim uma resistência. O Brasil é um país muito machista. E entre os povos indígenas a cultura também é muito machista. Tem muitos povos que não aceitam mulheres em espaços de direção. A gente tem que lutar muito para isso. Pra ter essa confiança. É trabalhar bastante. Muitas vezes nós nos damos conta dessas coisas que nos dizem, que você não consegue, que você é frágil, que um homem é que tem que estar ali.

Muitas vezes me aconteceu de ouvir: eu não falo com mulher. Cadê o homem aqui para eu conversar? E eu respondo: é comigo mesmo que você vai falar. Você tem que transmitir muita segurança para eles acabarem entendendo. É preciso se impor, não tem outro jeito. Se impor para ser aceita. Quando você mostra seu compromisso e que está fazendo as coisas corretas, a resistência vai diminuindo. Mas temos que lutar todo dia para expressar essa confiança em si para te respeitarem.

Na sociedade não-indígena é pior. No meio indígena, quando você demonstra que você é capaz e que você domina o que está fazendo, a resistência se desfaz mais rápido e você passa a ser respeitada. Fora das comunidades, isso é ainda mais difícil. Também porque você enfrenta o preconceito duplo. Você é mulher e indígena.

E eu sinto que isso tem ficado ainda mais explícito. As pessoas não têm vergonha de dizer que não gostam de falar com mulher, de expressar ódio.

Existe um feminismo indígena?

Do nosso jeito, existe. Existe o comportamento das mulheres indígenas de buscar sempre empoderamento e protagonismo. Talvez esse termo não seja o mais adequado para a nossa realidade. O feminismo soa radical, longe da gente. Mas temos sim buscado protagonismo dentro das aldeias e para fora, nas nossas lutas, buscando visibilidade.

Hoje, mulheres têm assumido os principais cargos dos movimentos indígenas estaduais e regionais. Temos mulheres como coordenadoras-gerais das organizações indígenas. Nós sabemos que temos que assumir o comando do movimento indígena. Nós trabalhamos para isso. Hoje a coordenação-geral da Coordenação das Organizações Indígenas da Amazônia Brasileira – COIAB é de uma mulher. Uma vitória nossa, mas que contou também com o entendimento e os votos de muitos homens para acontecer. Para a gente, isso é nosso feminismo: se empoderar e assumir o protagonismo.

Há um aumento significativo de mulheres buscando assumir o protagonismo no território e no movimento indígena. E acho que esse momento que estamos vivendo é um momento muito especial: um momento das mulheres. Nós vamos liderar as mudanças.

DE DENTRO DA FLORESTA

Texto para a revista Trip,
em 5 de outubro de 2017

O Movimento indígena e a Mobilização Nacional Indígena, articulados com as campanhas #342Amazônia e #TodosPela Amazônia, mostraram força na defesa dos direitos dos povos originários brasileiros. Pressionado, o governo Temer não teve outra saída a não ser revogar o Decreto 1.942, que extinguia a Reserva Nacional do Cobre e seus Associados (Renca). O ato, mais uma investida genocida do governo e de seus aliados das bancadas ruralista e evangélica, entre várias ilegalidades, também feria o direito constitucional à consulta prévia. Como diria o Barão de Itararé, de onde menos se espera é de onde não vem nada mesmo.

Aviltar e desrespeitar direitos é a marca registrada do grupo que usurpou o poder em nosso País. A reforma trabalhista, a reforma da previdência social, a entrega de terras para estrangeiros, a redução dos limites das unidades de conservação, a flexibilização da legislação ambiental, o enfraquecimento e o sucateamento da Funai, do Ibama e do Incra, a criminalização de organizações da sociedade civil que nos apoiam na defesa de nossos direitos, a criminalização de lideranças indígenas, a privatização de empresas públicas, o avanço e o financiamento do agronegócio que ilegalmente invade os territórios dos quilombolas, dos ciganos, das quebradeiras de coco babaçu, assim como os territórios de muitas outras comunidades tradicionais.

O mesmo agronegócio que, indiscriminadamente, avança sobre a biodiversidade brasileira no Cerrado, na Caatinga, no Pantanal, nos Pampas, na Amazônia: tudo isso é parte do pagamento da dívida para consolidar o golpe instalado no Brasil.

Há mais de 180 medidas anti-indígenas tramitando no Congresso Nacional, afrontando a Constituição Federal e promovendo o retrocesso de direitos conquistados pelos povos indígenas. E o que querem aqueles que as defendem? Minerar as nossas terras e reservas indígenas, arrendar, diminuir limites, inviabilizar as demarcações de terra, criminalizar lideranças. Querem nos negar, nos colonizar novamente. Eles não passarão. Afirmo e reafirmo: juntos somos muitos mais.

O pagamento da conta das alianças políticas e econômicas que sustentam um governo corrompido tem saído muito caro para cada cidadão e cidadã brasileira, para cada uma e cada um de nós que, de sol a sol, derramamos nosso suor. E para quê? Para dar cabimento a um Congresso Nacional moralmente falido, completamente corroído, insensível às minorias? Enquanto tantos se fartam com recursos dos cofres públicos, desviados dos investimentos em educação, saúde e de tantos outros direitos, a justiça se mostra inoperante.

Precisamos reconstruir a democracia plena nesse lindo país. Que o Brasil seja plural, laico, mega-biodiverso! Que aqui não caiba mais o racismo: contra negros, contra os povos indígenas, contra os gays. Que racistas e homofóbicos não tenham mais assento parlamentar. Que nosso voto, nosso precioso voto, seja o instrumento de construção de uma sociedade mais livre, justa e solidária.

Nós não vamos apenas sobreviver, vamos mostrar a todos os demais brasileiros que estão sendo lesados pelo descumprimento da Constituição Federal que essa luta não é de um só, que essa luta não é de um movimento só: essa luta é de todos e por todos nós.

Nossa força vem da nossa determinação de lutar contra as injustiças. Já havíamos mostrado isso em abril, quando mais de 4.000 lideranças indígenas se reuniram no Acampamento Terra Livre em Brasília para denunciar a mais grave ofensiva aos direitos dos povos indígenas desde a Constituição Federal de 1988, orquestrada pelos três poderes da República em conluio com as oligarquias econômicas nacionais e internacionais.

Continuamos denunciando abusos, a exemplo da tese do marco temporal, um argumento racista para justificar massacres e expropriar territórios ancestrais de indígenas e quilombolas. Querem acabar com a nossa cultura, querem acabar com a nossa língua, querem acabar com o modo de ser indígena. Mas nosso povo resiste há mais de 500 anos. Estamos na luta e não vamos desistir.

Nossa força é muito maior. Nossa vontade não se dobra diante das ameaças e dos ataques sucessivos. Pelo contrário, a cada agressão ficamos mais fortes. Juntos podemos avançar ainda mais em defesa de nossos direitos. Juntos, articulados e agindo estrategicamente, seremos capazes de reverter o contexto atual. Juntos, mobilizados e articulados. Juntos, nossa força é muito maior!

"QUEREMOS SER REPRESENTADOS POR NÓS MESMOS"

Entrevista para o Huffpost Brasi, por Grasielle Castro,
em 1 de julho de 2018

Como nasceu a ideia de participar da chapa do PSol?

A decisão de participar da chapa foi bem coletiva, conversada com várias pessoas, com vários atores que atuam com a gente. E se deu por conta da nossa necessidade de ocupar espaço na política institucional. Veio muito por essa leitura de 518 anos e a gente teve apenas uma representação indígena no Parlamento e nunca mais ninguém ocupou. Sempre tivemos essa necessidade de ter indígena, a gente sente falta disso. Isso esteve nas conversas com o MTST, a Mídia Ninja, a APIB, movimento que eu estava liderando, com o 342, a campanha da Amazônia e das artes. Fomos animando a ousar mais e foi quando decidimos no coletivo, com essa rede de apoiadores. Eu já estava no PSol desde 2011. Foi nessa vivência que pensamos em uma alternativa mais comprometida, que tivesse vivência com as bases, para a gente apresentar esse novo.

Há estímulo a outras candidaturas indígenas?

Tem bastante. Estamos contabilizando quase 40 indígenas que estão se candidatando este ano. Do PSol, são 12, estimulados por esse processo da minha participação da chapa. São 12 em 10 estados. Estávamos tentando trazer mais, mas não deu tempo.

Tem também indígenas de outros partidos. Nos municípios, nos estados, tem muito essa leitura do que é possível, de qual partido e coligação que é mais viável. Por mais que a gente tenha esse cuidado de não fortalecer ou estar dentro de partido de extrema direita, que sempre foi declarado inimigo da gente, que sempre foi contra tudo, mas no local tem algumas coligações que se dão de forma muito particular. Mais relação de amizade até do que de partido muitas das vezes. Então, essa participação em outros partidos se dá mais por isso do que compactuada em outras bandeiras. Quando os indígenas entram para essas candidaturas, o objetivo dele é trazer a causa, trazer o movimento dos povos indígenas independente de onde ele esteja.

O fato de ser mulher pesou para composição da chapa?

Teve peso sim. Tanto por ser indígenas quanto mulher. Hoje, quem tem uma compreensão política mais do lado de contemplar a questão de gênero sempre tem essa preocupação de um homem e uma mulher, de ter paridade. Acho que de certa forma influenciou, sim, dentro do partido para gente garantir um mínimo de equilíbrio entre homem e mulher.

Qual a sua avaliação sobre a onda conservadora e o impacto dela nas decisões do presidente Michel Temer?

Essa onda sempre existiu, mas não se se publicizava tanto. Hoje as pessoas expressam raiva, ódio, racismo, escancaradamente. E isso se deu muito por conta de se sentirem respaldados nas próprias pessoas, nas figuras públicas que estão aí no próprio parlamento, políticos principalmente. E é incrível como a gente percebe que as pessoas estão se deixando muito levar ou preferir acreditar nesse tipo de continuidade ou fortalecer um conservadorismo do que fortalecer uma democracia. A gente vai lutar pela democracia ou mobilizar e defender isso, muitas pessoas vêm muito reacionárias para cima.

É muito estranho o comportamento do brasileiro nos últimos tempos. As pessoas vêm acreditando muito nas figuras públicas e estão muito à vontade para dizer o que pensam. Por algum tempo ficaram escondendo, mas agora vieram revelar o que realmente são. Mas as pessoas também estão com muita esperança, muita vontade de mudar, muita vontade de resolver e isso não é na velha política, é no que é novo. Defendem essa questão de valorizar mesmo a questão das pessoas, trazer as pessoas não só na pré-campanha, mas também no processo de decisão, de trazer as pessoas para pensar junto, decidir junto, é uma forma de as pessoas voltarem a acreditar nas representações políticas.

Como está a situação da demarcação das terras indígenas? Havia espaço nos governos para discutir o tema?

No governo Lula, tivemos uma ampliação boa na participação, por meio dos conselhos, do controle social. Lula algumas vezes presidiu as reuniões, criou na época a Comissão Nacional de Política Indigenista. Era essa a comissão a representação dos povos indígenas, com representação de todos os estados. Ali foi onde a gente se enxergava e estávamos representados. Tinha uma política indigenista como um todo. No governo Dilma, essa comissão continuou e a gente teve mais dificuldade da presença dela, de falar diretamente. Teve aí um certo distanciamento, e como tinha a implementação de grandes investimentos, grandes projetos, a gente tinha a necessidade de conversar diretamente para colocar os pontos de vista. A gente teve a primeira reunião com a Dilma foi em 2013, com aqueles movimentos de rua. Ao final do governo Dilma, a gente teve um avanço grande, que foi transformar essa comissão em conselho. A gente criou um Conselho Nacional de Política Indigenista, por meio de decreto, o que foi avaliado como positivo.

Embora a Dilma tenha sido muito falha na demarcação de terras indígenas, teve um avanço nos empreendimentos que impactavam direto e teve uma paralisação, tiveram algumas demarcações, mas nada muito relevante. Teve realmente essa paralisação. Já agora no governo Temer, não só paralisou, mas também ele teve uma decisão política de rever terras já demarcadas, foi realmente um passo largo para trás. A gente ainda estava ali no governo Dilma com um levantamento de terras em procedimento já concluído que precisava só homologar, a gente tinha aquela esperança de que algum momento elas pudessem ser regularizadas.

Agora no governo Temer até essa lista que existia foi devolvida para a Funai para rever procedimentos e inclusive para questionar alguns processos já concluídos. É um retrocesso monstruoso em relação à demarcação de terras; não só paralisou, mas retrocedeu bastante. Tem já alguns casos concretos de terras que tiveram processos anulados, o que é muito pior porque tem um acordo coletivo nos três poderes, tem um com a bancada ruralista que eles apresentam qual é a área que eles querem ou área que está em conflito, essa aqui pode e essa não pode, com essa conivência do poder Executivo. E o Judiciário não fica fora dessa, está judicializando muitas terras.

Para não dizer que não demarca, eles criaram uma medida com base na demarcação de Raposa Serra do Sol e estabeleceram um marco temporal, que veio do STF, e o Executivo por meio da AGU publicou um parecer que é claro em estabelecer o ano de 1988 como o ano marco para decidir sobre território indígena. Agora, o Legislativo pega esse parecer e faz um projeto de lei que muda o texto. A Constituição diz que são territórios considerados indígenas aquelas terras tradicionalmente ocupadas. E o novo texto diz são territórios indígenas aqueles que comprovarem a presença física em 5 de outubro de 1988. Você vê claramente o texto sendo alterado. É um absurdo tentar legalizar o acesso para exploração.

O projeto de abrir a Renca para exploração era muito maior. Qual papel de vocês nesse tipo de ação do governo?

A gente sempre fez a nossa luta combatendo esse tipo de acesso, tipo de exploração, porque para isso está valendo qualquer coisa, inclusive uso de medida legislativa para mudar e favorecer seus interesses. Projeto que trata da mineração em terras indígenas, de qualquer forma, quer abrir o espaço mais para exploração do que para desenvolvimento, é explorar porque o interesse é financeiro. Mais que examinar a diversidade e investir nas pessoas que estão ali.

Nós, povos indígenas, sempre fizemos a luta contra essa expansão desenfreada, sempre exigimos o cumprimento do direito de consulta prévia aos povos indígenas, que o Brasil é signatário. Por conta da pressão que a gente faz, eles já tentaram tirar o Brasil dessa lista da convenção, dizendo estar atrapalhando o crescimento. Eles não cumprem e a gente vai para cima. Embora não considerem muito o respeito à consulta, trava de alguma forma, como foi feito com Tapajós, que os Munduruku conseguiram inviabilizar no período que estava planejado para começar. E a exemplo do que foi o próprio Belo Monte no passado, que os povos indígenas conseguiram travar a construção. É um tratado que está aí e nós temos que usar cada vez mais dele. E recentemente o Brasil foi listado como um dos países que não cumprem a Convenção 69. É uma forma de constranger o País e vale a gente continuar batendo nessa tecla. Toda pressão para rever procedimentos e impedir a demarcação vem da bancada ruralista. Tudo pelo acordo.

Como governar com essa bancada?

Por mais que o povo reclame e não concorde, todo mundo achando as representações um caos, mas quando você vê as pesquisas e os resultados que nunca mudam, é uma continuidade absurda dessas representações. Realmente não dá para entender muito o que o povo pensa, espera ou quer. Pedem mudança, mas continuam elegendo os mesmo. É realmente frustrante... Não dá para entender como isso acontece. Estamos acreditando muito no processo participativo, a decisão não pode ser só dos parlamentares. Tem que trazer a população para perto e se você tem o povo perto é muito mais forte. Claro que tem os procedimentos-padrão, mas se você tem o povo do lado para ajudar a tomar decisão, é muito mais forte que o Legislativo. Estamos trazendo as pessoas para perto para propor e apresentar ideias.

A incomoda ser constantemente comparada com a Marina?

Acho que as pessoas por muito tempo acreditaram e viram na Marina essa voz de defesa do meio ambiente e agora a Marina deixou de ser essa pessoa que as pessoas olhavam e já viam o que ela representava, por ser essa mulher que veio do Norte, da roça. Depois pelas alianças que ela foi seguindo, que ela foi fazendo, ela perdeu muito. E agora as pessoas olham para mim assim e enxergam outra pessoa que não só representa essa voz, mas que é a própria voz. Porque essa questão indígena, ambiental e de ser mulher sempre vem junto. Marina foi uma pessoa que por muito tempo nós realmente também nos espelhávamos, acreditamos, votamos. Os indígenas tinham essa confiança nela, agora nós temos nós mesmos. Queremos ser as próprias protagonistas da história, tendo uma porta-voz que é a própria representação sem intermediários, alguém que fale por nós... Acho que já superamos isso.

Como está a questão ambiental nesse governo?

Está muito nos acordos, o Ministério do Meio Ambiente sendo totalmente pautado pela bancada ruralista, não faz nenhum enfrentamento, não apresenta nenhuma nova bandeira, fica parecendo que está tranquilo. Há um medo de enfrentar. E como estão todos do mesmo lado, com os mesmos interesses, não tem como ter uma expressão. O que precisa ser enfrentado é a questão da proteção do próprio meio ambiente em relação a reduzir o desmatamento que não se consegue, apresentam números que não batem com a realidade. Quando você olha no chão não tem essa redução.

DEMOCRACIA PELA A MÃE TERRA

O verde não ocupa área de destaque na bandeira brasileira à toa: ele é a nossa maior riqueza, mais do que o ouro. Quem reconheceu isso foi o próprio homem branco, que a desenhou há mais de um século. Mas parece que ele anda meio esquecido disso ultimamente, pois há anos a natureza vem sendo vítima de ataques cerrados e o horizonte próximo se desenha ainda mais sombrio. Temos um Congresso renovado, mais aparentemente também hostil à ideia de preservação ambiental; e um candidato à Presidência que ameaça não demarcar mais Terras Indígenas: "Se eu assumir, índio não terá mais um centímetro de terra", disse.

No entanto, ele comete um erro fundamental: não se dá a alguém o que já é seu. Temos direito às nossas terras porque chegamos nelas primeiro, pois brotamos delas – e elas nos moldaram. A Constituição de 1988 só veio confirmar por escrito o que para nós era uma lei natural. Somos democráticos também por natureza e, por isso, nos sentamos civilizadamente à mesa para negociar. Tivemos nosso próprio constituinte, o deputado federal Mário Juruna. Ajudamos a redigir o artigo 231, que diz que "são reconhecidos aos índios sua organização social, costumes, línguas, crenças e tradições, e os direitos originários sobre as terras que tradicionalmente ocupam, competindo à União demarcá-las, proteger e fazer respeitar todos os seus bens".

Ao mesmo tempo, acatamos o artigo 20, que estabelece que nossas terras são bens inalienáveis da União: nós não podemos vendê-las ou doá-las. Ou seja, estabelecemos um pacto de confiança com a sociedade brasileira. E temos feito a nossa parte, pois nossos territórios são os mais preservados do país. Mas a União tem deixado muito a desejar em se tratando de cumprir a parte que lhe cabe. Nos afastamos durante décadas da política tradicional, pois o artigo 232 nos garante que "os índios, suas comunidades e organizações são partes legítimas para ingressar em juízo em defesa de direitos e interesses, intervindo o Ministério Público em todos os atos do processo".

Porém a intensificação dos ataques aos nossos direitos nos últimos quatro anos fizeram necessária a nossa volta ao Congresso: elegemos na última eleição Joênia Wapichana, deputada federal por Roraima. Ela será nossa representante, mas a ideia é que não seja porta-voz somente de nossas reivindicações, mas um novo canal de comunicação entre nós e o restante da sociedade brasileira. Temos muito a oferecer e estamos dispostos a colaborar no desenvolvimento do país.

Resistimos há 500 anos. Somos poucos para dar conta de cuidar da vida de tanta gente. O próprio candidato está sendo obrigado a dizer que vai voltar atrás de fundir os ministérios da Agricultura e do Meio Ambiente, sabe que parte dos votos que está perdendo é porque a sociedade brasileira está rechaçando essa proposta. "Nossos bosques têm mais vida", diz o nosso Hino Nacional Brasileiro, também escrito há mais de cem anos. É essa biodiversidade cantada por ele que faz de nosso verde tão rico. Isso pode pôr o Brasil em papel de destaque na nova economia, mais sustentável, que se desenha para o mundo.

"NÃO É UMA LUTA SÓ PELOS ÍNDIOS, MAS PELO PLANETA"

Entrevista para a Catacra Livre, em 5 de maio de 2020

Há uma crise ambiental na região da Amazônia Legal, com recorde de desmatamento mesmo durante uma pandemia. O presidente e o ministro do Meio Ambiente são parte do problema, em vez de resolvê-lo. Que tipo de resposta a sociedade pode dar a isso?

É fato que a gente está vivendo uma das piores crises da nossa história: sanitária, econômica, ética e ambiental. Infelizmente, quando a gente fala da crise ambiental, não é um problema que afeta somente o meio ambiente, não afeta somente a natureza. Quando se trata da legalização da destruição do meio ambiente, nesse caso especificamente da Amazônia, estamos falando de um lugar que tem muita gente também, que tem pessoas, culturas e diversidade.

Muitas das vezes, para a maioria das pessoas, se fala de meio ambiente e parece que é uma coisa dissociada da vida humana. Infelizmente, ainda é assim que muita gente pensa: que a luta ambiental é uma luta isolada. Até mesmo muitos ambientalistas, que fazem uma luta ótima para defender o meio ambiente, também não conseguem perceber essa relação entre o meio ambiente e as pessoas.

A primeira coisa que as pessoas têm que entender é que não dá para fazer lutas dissociadas: meio ambiente e lutas sociais. Por exemplo, os territórios indígenas, que são comprovadamente os territórios mais preservados, mesmo sem política ambiental efetiva. Quem protege é exatamente o modo de vida dos povos indígenas, é a forma como a gente se relaciona com o meio ambiente e como as comunidades tradicionais o protegem. Lembrando que não é "meio", é um todo. É exatamente essa relação harmoniosa dos povos que garante a preservação e a proteção. Quando a gente fala da demarcação de terras indígenas, as pessoas não entendem o quanto é urgente lutar por isso. O quanto é importante apoiar a causa indígena nesta luta pela demarcação.

O recado que fica para as pessoas é que a luta pelos territórios indígenas, esse embate no Congresso que a gente faz diariamente para demarcar territórios, não é uma luta que beneficia só os povos indígenas, mas que beneficia todo mundo. É exatamente nesses territórios que estão a maioria das florestas em pé, que regulam as chuvas. As chuvas, inclusive, que abastecem as grandes lavouras das monoculturas.

O que a gente faz beneficia todas as pessoas. Não é uma "luta de índio", mas uma luta pelo planeta. É bem importante as pessoas saberem que nós, indígenas, somos 5% da população mundial e conseguimos proteger com o nosso modo de vida próprio 82% da biodiversidade que existe ainda viva no planeta. Por isso a luta tem que ser compreendida e abraçada por todo mundo, pois, se não há biodiversidade, não há vida no planeta. A luta que a gente faz para prevenção e controle de queimadas. Neste ano, inclusive, as estimativas não são nada animadoras… Todas essas situações têm impacto na vida de cada um, não só aos indígenas, embora para a gente o impacto seja maior porque ele é direto.

Diante de tantos problemas, é possível notar um maior engajamento da sociedade nas pautas ambientais. A gente vê aqui na Change.org, por exemplo, que o meio ambiente é um dos temas que mais engajam os usuários, tanto em quantidade de petições criadas quanto em assinaturas feitas. Inclusive, a segunda maior petição da história da Change.org no mundo é uma contra o desmatamento na Amazônia, que está perto de seis milhões de apoiadores. Você concorda que, de maneira geral, o brasileiro está mais ligado nessa causa?

Acho que aumentou, sim. Sobretudo por vivermos uma conjuntura política complexa. Hoje enfrentamos um projeto do Palácio do Planalto que incentiva explorações e invasões. Por isso as pessoas entenderam a gravidade que vivemos. E que essa luta não é só de ambientalista, indígena ou quem vive na floresta. Mas uma luta coletiva. É bem notório o aumento da preocupação, do engajamento.

É importante ressaltar que existe um contexto de ameaças ao meio ambiente, não mais só dos invasores, de quem extrai madeira ilegal ou do garimpo. Hoje se tornou uma luta contra o próprio Estado, que tenta legalizar a grilagem. Existe um projeto que tenta legalizar a invasão de nossas terras. Um dos momentos mais graves de toda a nossa história, mas que percebemos maior adesão e vontade das pessoas de se envolver.

No ano passado, o recorde de queimadas na Amazônia provocou um boom em nossa plataforma. A gente viu uma petição contra as queimadas, por exemplo, alcançar cinco milhões de apoiadores em poucos dias. Essas assinaturas, inclusive, foram entregues ao presidente da Câmara, Rodrigo Maia, que recebeu o abaixo-assinado e, no mesmo dia, instalou uma comissão externa para integração do meio ambiente e economia. Como você enxerga esse tipo de mobilização e articulação da sociedade como meio de pressão na política?

Sim, faz a diferença. Queria complementar também sobre a questão do engajamento. No ano passado, a APIB realizou uma jornada pela Europa. Levamos a campanha "Sangue indígena: nenhuma gota a mais", que percorreu 12 países, em 20 cidades, em 35 dias. Nessa jornada, a gente conversou com representantes de empresas, que têm negócios aqui no Brasil, que compram produtos aqui ou que financiam. Conversamos com parlamentares, ambientalistas, com representantes do Executivo e também com a sociedade civil.

Ali a gente já trazia essa preocupação com o acordo do Mercosul, porque iria pressionar mais ainda a demanda por territórios, por terra, para esses setores empresariais, para que pudesse produzir mais, já que o acordo ia liberar mais ainda a exportação de produtos brasileiros com taxas de isenção de impostos. A gente fez uma conversa direta trazendo essa preocupação, de que o acordo impactaria diretamente o meio ambiente, e também a nossa vida e o nosso povo, que hoje clama por demarcação dos territórios indígenas.

Com o Mercosul, a gente não só não teria os territórios demarcados, como também teria pessoas expulsas diárias já com processos concluídos. Esta é exatamente a decisão política do governo federal hoje, de não demarcar terra indígena e de rever territórios demarcados. A gente levou essa conversa para a Europa, e, agora, com essa tramitação de um projeto de lei na Câmara, retomamos essa conversa no Brasil com setores empresariais e parlamentares. Vieram da Europa posicionamentos diretamente ao presidente da Câmara, Rodrigo Maia, de que se não houver comprometimento no Brasil em respeitar o meio ambiente, então vão enfraquecer essas relações internacionais. A mobilização permanente é fundamental.

Sobre Ricardo Salles, há quem o chame de "antiministro" do Meio Ambiente. São muitas as razões para isso, como a frase de "passar a boiada" na regulamentação ambiental enquanto a imprensa se preocupa com a pandemia. Até o agronegócio tem se manifestado contrário a algumas decisões da pasta, a imagem do país está derretendo no exterior. Vai ser possível recuperar toda essa destruição depois deste governo?

A tragédia vai ser grande, viu? O rastro de prejuízo deixado não está escrito. Se Bolsonaro ficar quatro anos, o resultado vai ser trágico, seja para o meio ambiente e também para as pessoas. Diante disso, vamos precisar de um engajamento ambiental ainda muito maior para reconstruir o país. O prejuízo dessa política é trágico.

A gente atravessa uma fase de muitos ataques. E ataques vindos de diversas frentes. Por outro lado, a gente percebe uma reação da sociedade. Somente nessa última semana, depois que vieram a público as declarações feitas pelo ministro do Meio Ambiente, Ricardo Salles, 35 mil pessoas se juntaram a uma campanha que pede a exoneração imediata dele do cargo. Hoje, o autor dessa petição, que já passa de 160 mil assinaturas no total, deve protocolar as assinaturas no Ministério Público Federal de Santa Catarina, aproveitando o Dia Mundial do Meio Ambiente. O que você espera para essa data de hoje? Que tipo de ações, reivindicações, comemorações?

Se a gente tivesse um presidente no Brasil, porque no momento nós não temos, estamos num barco à deriva. Se fosse um governo sério, hoje mesmo sairia a exoneração do ministro Salles, que é o ministro antiambiental, como a gente diz. O que ele falou ali não é só um desrespeito, mas é muito criminoso. É criminosa a expressão tanto dele quanto do ministro da Educação e da Damares [Ministério da Mulher, da Família e dos Direitos Humanos]. Parecia mais uma reunião de organização criminosa do que de governo.

Lamentavelmente, assim como o Dia do Índio e o Dia da Mulher, é um dia de luta para a gente, de mobilização, de sensibilização, para que as pessoas se engajem. O que comemorar, de fato, não existe. O que há é esse chamado geral para que as pessoas se envolvam. Eu acho sempre importante existir esses dias para a gente fazer os alertas necessários, trazer a convocatória para o engajamento da sociedade. Que a sociedade entenda essa luta em defesa do meio ambiente como uma questão coletiva, uma causa que tem que ser compartilhada e de forma urgente. Não temos mais muito tempo a esperar. O momento de lutar e se envolver é agora.

Em tempos de pandemia, o mundo se vê obrigado a pensar soluções para questões sanitárias. No Brasil, 45% das pessoas não têm nenhum tipo de tratamento do esgoto produzido diariamente. Assim, quase metade do resíduo gerado volta à natureza com todos os poluentes. Qual o papel das autoridades para evitar tragédias no futuro por não cuidar devidamente de questões básicas como saneamento?

Eu sempre trago essa preocupação em relação à falta de saneamento geral. Mas procuro também trazer reflexão sobre a forma como a própria sociedade lida com isso. Porque a gente sabe que não é normal faltar saneamento e a forma como os esgotos são descartados no rios, nas praias.

O que me preocupa bastante também é como a sociedade não reage a isso. Por exemplo, a gente conseguiu fazer as pessoas olharem com mais preocupação para o veneno na comida, sobre o uso do agrotóxico. Fizemos elas entenderem que isso é grave. Por outro lado, não conseguimos fazer a sociedade compreender a importância da luta por saneamento.

E isso também precisa ser um papel da sociedade: exigir e cobrar os governos. Com o engajamento, as pessoas assumirão um comportamento de respeito ao meio ambiente. Porque não adianta cobrar do governo se continuar jogando lixo nos rios.

Hoje há uma quantidade enorme de lixo jogado nos rios pelas pessoas. É necessário uma mudança de comportamento que seja assumida por todo mundo. Então é necessário cobrar os governos por saneamento, sim. E as pessoas assumirem sua parte.

Quais os impactos da negligência do governo em promover medidas para combater o impacto da covid-19 entre os povos indígenas?

Eu começo trazendo essa reflexão sobre o impacto da covid-19 entre os povos indígenas e também para o meio ambiente. A covid-19, como já comprovado, atinge todo mundo, todas as gerações, mas a letalidade é maior entre os idosos, os anciãos. Para nós, os nossos anciãos são a nossa biblioteca, a nossa fonte de sabedoria, os nossos tesouros vivos, que têm consigo todo um conhecimento ancestral e todo esse legado da nossa história. Quando esses anciãos morrem, levam todo esse conhecimento, que é a garantia da continuidade da nossa identidade. É o que garante a nossa cultura, nosso modo de vida e também, consequentemente, o meio ambiente.

Essa ausência do poder público, essa negligência do governo federal, por meio da Sesai [Secretaria Especial de Saúde Indígena], está permitindo que a mortalidade entre os indígenas aumente de forma muito acelerada. A falta de estrutura, de comprometimento, está fazendo com que esse vírus entre nos territórios e se propague de maneira muito rápida.

Nós temos, até o dia de ontem, um número de 211 indígenas mortos pela covid-19. 2.178 infectados. Isso já atinge 83 povos indígenas, espalhados pelas cinco regiões. Só no estado do Amazonas já foram 129 mortes. É muito grave para a população indígena. Enquanto a letalidade entre a população brasileira como um todo está em 5,6%, entre os povos indígenas já chega a 9,6%.

O que comprova essa negligência da Sesai é que, enquanto temos 211 mortos registrados pelo Comitê pela Vida e Memória Indígena, criado pela APIB, que está fazendo esse levantamento, a Sesai registrou apenas 60 mortes. Então, você percebe não só uma negligência, mas um genocídio institucionalizado. No momento em que a Sesai nega o registro desses números, ela está tentando esconder uma situação totalmente grave. Enquanto o comitê registrou 2.178 indígenas contaminados, a Sesai registrou apenas 1.620.

Nesses últimos dois dias de junho, a gente teve um número de mortes igual a todo o mês de abril. Se continuar nesse aceleramento, é, sim, um genocídio. Estamos no risco de outro genocídio dos povos indígenas, como ocorreu na ditadura, na colonização... Em abril todo, tivemos 26 mortes. Agora, somente em 1 e 2 de junho, tivemos 28 mortes. Isso representa mais de 550% de aumento das mortes de indígenas em dois dias. Se não houver medidas estratégicas de barreiras sanitárias e preventivas agora, nós, indígenas, estamos em risco.

De que forma os próprios povos indígenas estão se articulando para conter a disseminação do vírus? Quais os maiores desafios nesta luta?

O desafio é gigante porque é uma responsabilidade do Estado. Garantir estrutura de saúde e oferecer condições para que os indígenas permaneçam em seus territórios durante o isolamento.

Cada povo está se organizando de acordo com as medidas necessárias e buscando suas formas de se proteger. Por meio de barreiras sanitárias, evitando a entrada de pessoas, parcerias com organizações não governamentais, que ajudam a arrecadar equipamentos de proteção, criando vaquinhas online e divulgando na internet.

Semana que vem, a APIB vai apresentar um plano com propostas de medidas emergenciais, com estrutura e ações urgentes. O aspecto das medidas legislativas e judiciais que precisam ser tomadas neste momento. Fortalecer a rede internacional de apoiadores aos povos indígenas e nossa rede de comunicação: como fortalecer uma linguagem que fale com as aldeias nas áreas mais remotas, articular a presença dos povos indígenas nas redes, cobrando o Congresso Nacional e o Poder Executivo. Pensar uma linguagem para dentro das aldeias, pela divulgação de vídeos, podcasts e radiofonia nos casos de quem não tem como chegar a informação. Mas sobretudo ocupar as redes sociais, como temos feito durante o período de isolamento.

Vou anunciar aqui, em primeira mão, que lideranças indígenas acabaram de lançar um abaixo-assinado cobrando a realização de testes do coronavírus nas aldeias do Mato Grosso. Segundo dados da Articulação dos Povos Indígenas do Brasil, mais de 210 indígenas já morreram por coronavírus no país. Na petição, as

lideranças do povo chiquitano e do Xingu dizem temer que um novo genocídio esteja em curso. O quão importante você acha que é esse pedido – que elas fazem na petição – para a proteção dos indígenas nessa pandemia?

Esse pedido dos testes já foi feito desde o primeiro dia que se declarou a pandemia. Quando vimos o risco da pandemia se alastrar. A APIB fez uma carta para o governo federal, exigindo um plano de contingenciamento emergencial aos povos indígenas.

Em seguida, uma carta para todos os governadores, apresentando 10 medidas de comprometimento desses governos com ações concretas e intergovernamentais, com o governo federal, municípios e também os movimentos indígenas.

Realizamos o acampamento Terra Livre Online, onde trouxemos este assunto para o debate; uma assembleia da resistência indígena para elaborar um plano emergencial da APIB e, nesse plano, trazer a urgência sobre a testagem. E é claro que essa iniciativa de Mato Grosso é fundamental e tem que ser ampliada para todos os estados. A situação de emergência está em todos os territórios indígenas.

Essa falta de testagem é o que faz aumentar a proliferação. Se o indígena não sabe o que está acontecendo, não vai tomar os devidos cuidados. É preciso garantir a testagem, assim como a estrutura para casos de isolamento e tratamento entre os indígenas. Porque a estrutura que a Sesai tem hoje não é suficiente nem para a demanda que já tinha. Não dá conta.

COSMO-VISÕES

Sou filha do guerreiro povo Guajajara/Tentehar, que habita nas matas da Terra Indígena Araribóia, no estado do Maranhão. Meu nome é Sonia Bone, tenho 39 anos de luta e resistência pelo meu povo e pelos povos do Brasil. Sou casada e mãe de três filhos: Luiz Mahkai, Yaponã e Y'wara. Graduada em Letras e pós-graduada em Educação Especial pela Universidade Estadual do Maranhão. Com muito orgulho, fui diretora de uma das entidades mais representativas da luta indígena no Maranhão, a COAPIMA – Coordenação das Organizações e Articulações dos Povos Indígenas do Maranhão, por um período de seis anos, correspondente a dois mandatos. Hoje sou a vice-coordenadora da COIAB – Coordenação das Organizações Indígenas da Amazônia Brasileira, com sede em Manaus, e que faz uma luta há 24 anos na defesa dos povos indígenas da Amazônia.

Nós Guajajara/Tentehar ocupamos 11 Terras Indígenas no Maranhão e somos o povo mais numeroso do estado. Com uma história de mais de 400 anos de contato, podemos afirmar que apesar da exploração, do escravismo e do domínio europeu que exterminou povos, sufocou culturas e expulsou nações, somos um povo resistente, pois mantemos vivas as nossas tradições e a chama que nos incendeia de coragem para continuarmos na luta. Enfim, se permanecemos vivos até aqui, é porque ainda temos muita história para contar.

Atualmente vivemos em situação de risco dentro da própria casa: embora com as Terras demarcadas, registradas e homologadas, somos constantemente ameaçados, caçados e assassinados por invasores. São fazendeiros, madeireiros e mercenários que vivem da pistolagem e que destroem, roubam, matam e ainda tentam acabar com os nossos costumes e tradições, ameaçando, assim, a vida de homens e mulheres indígenas de nossa região.

Sempre gostei de trabalhar em parcerias, articular junto, fazer junto. E sempre soube distinguir bem as organizações indígenas das indigenistas e do órgão oficial.

Desde menina ouvia falar na tutela dos índios. Ouvia com rejeição os preconceitos de que índio não pensava, que era um bicho violento, que não podia exercer um trabalho além da roça, que deveria ficar isolado na mata, que existe muita terra para pouco índio, que índio bom é índio morto, entre outras barbaridades. Ser índio no Maranhão é ter a paciência de um velho sábio, porque, sinceramente, ouvimos cada coisa! Mas o fato de às vezes ficarmos calados não quer dizer que estamos em silêncio. Como era uma criança, eu não entendia bem o motivo daquelas ideias, mas acreditava que não condiziam com a realidade. Sempre acreditei em um mundo diferente. Mas um diferente que valorizasse as diferenças, as competências, as habilidades e, sobretudo, as riquezas das diversidades culturais. O Deus que cada ser humano é.

Sempre quis estudar, pois acreditava que a educação poderia transformar o mundo, que a revolução poderia ser feita por meio da educação. Mesmo que para mim tudo parecesse impossível, ainda assim dizia: "qualquer luta é vitoriosa quando se luta por educação". Filha de pai e mãe analfabetos, por não terem tido nenhuma oportunidade, eu não via possibilidades de sair daquela redoma, pois além de não ter condições financeiras não tinha ninguém na cidade que pudesse me acolher. Mesmo assim não me curvei aos descaminhos que essa sociedade da concorrência e do capitalismo selvagem projeta para os filhos desse imenso país.

Dos 10 aos 14 anos, cursei o ensino fundamental (antigo ginásio) na cidade de Amarante, no Sul do Maranhão. Para estudar, trabalhava de doméstica e de babá em casas de família. Meus pais sempre incentivando a mim e aos meus outros irmãos, para que não nos tornássemos "ignorantes", como eles pensavam que eram, porque ignorantes eles nunca foram. Ignorância não é saber distinguir entre uma letra e outra, ignorância é não ter a capacidade de amar, e isso na minha casa nunca faltou. Fui entendendo com os meus pais desde cedo que a peleja por um mundo melhor se faz com luta e paixão e comecei a entender que independente da educação formal, quem é liderança, lidera sem precisa estudar na escola, pois a escola da vida nos ensina quase tudo. Só não dá o papel, mas garante a sabedoria de fazer a luta.

Ao completar 15 anos, recebi um convite da FUNAI de Imperatriz, no Maranhão, para cursar o Ensino Médio em um colégio interno na cidade de Esmeraldas, em Minas Gerais. Eu mal acreditava, pois a chance de continuar estudando era tudo o que eu sonhava, embora os meus pais não permitissem que eu fosse para tão longe. Eu não tive dúvida, com os meus 15 anos encarei a oportunidade cara a cara, desafiei meus pais dizendo que iria e voltaria para ajudá-los. No dia 16 de março de 1989, segui para Imperatriz, e de lá para a Fundação Caio Martins em Minas Gerais. Realizava, portanto, um sonho em minha vida, e mesmo com o medo de sair tão jovem da casa de meus pais, encarei os desafios e corri em busca de novos horizontes.

Em Minas, permaneci por três anos. Cursei o Magistério. Confesso que me sentia só, apesar das muitas amizades que conquistei. Eu sentia que a aproximação se dava pela curiosidade de conhecer uma pessoa diferente, como se índio fosse esse ser exótico ou de outro planeta. À noite, eu olhava para o céu e contemplava as estrelas pensando na distância que eu estava do meu povo, da minha família e começava a chorar as lágrimas da saudade. E a volta parecia ainda mais distante e irreal. Entre soluços, eu profetizava para mim mesma: "Não posso, não devo, não quero desistir. Preciso mostrar para todos que vou vencer. Sou uma guerreira".

Nestes três anos, fui sempre aprovada com as melhores notas, e iniciei-me nos movimentos sociais participando do grêmio estudantil da Fundação Caio Martins, oportunidade em que participei de inúmeras apresentações teatrais na escola e nas cidades vizinhas, retratando a realidade do meu povo, debatendo e envolvendo os colegas e sempre mostrando que ser índio não era como a mídia e os livros europeizantes das escolas brasileiras diziam. Aprendi muito, mas também fui capaz de ensinar. Foi assim que todos na escola começaram a entender e mudar o pensamento em relação aos povos indígenas. Sempre tentei mostrar que ser índio não é simplesmente andar pintado, morar no mato, usar penas e adornos, mas sim poder participar, construir e ajudar proteger a humanidade do caos.

Em 1992, retornei para minha terra e fui trabalhar nas aldeias com um projeto de Monitoria de Educação e Saúde. Eu falava sobre os prejuízos do álcool, medidas preventivas de saúde, doenças sexualmente transmissíveis, drogas e outros assuntos relevantes, além de ser professora municipal no povoado vizinho. No ano seguinte, fui convidada pela Igreja Católica de Amarante para fazer um estágio de medicina alternativa no IPPH – Instituto Paulista Promoção Humana em Lins, em São Paulo. Lá fiquei durante cinco meses e aprendi muitas coisas boas, inclusive reiterando as práticas medicinais naturalistas usadas tradicionalmente por nossos povos. E assim as oportunidades foram surgindo. Tudo dava certo, mas eu queria muito fazer um curso superior.

Em 1995, mais uma vez, fui para a cidade de Imperatriz e fiz o curso de auxiliar de enfermagem. Para me manter na cidade e pagar meu curso, trabalhei em escolas públicas e particulares. Ao mesmo tempo, por várias vezes viajei em caravana com o meu povo para Brasília reivindicando melhorias nas áreas de saúde, educação, proteção territorial, dentre outros direitos. Todos os anciãos, caciques e lideranças me tinham como relatora oficial dos Guajajara. "A grande pequenina", era assim que me chamavam.

Ao concluir o curso de auxiliar de enfermagem, fui admitida pela FUNAI e trabalhei nas aldeias Canudal e Zutiw'a. Nesse período, casei e tive uma filha. No final de 1996, comecei a trabalhar na APAE – Associação de Pais e Amigos dos Excepcionais. Em 1998, fui aprovada no concurso público municipal para auxiliar de enfermagem, mas sempre participando de eventos locais e estaduais do movimento indígena. Em 2000, consegui aprovação em outro concurso público municipal para professora do nível I e em seguida passei no vestibular da UEMA.

História de luta

Em 2001, participei do primeiro evento nacional indígena, que foi a pós-conferência da Marcha Indígena, para discutir o Estatuto dos Povos Indígenas, em Luziânia, no estado de Goiás.

A partir desse Encontro, minha vida se transformou. Me inspirava muito nas palavras do Che: "Se você se sente indignado perante as injustiças da vida, então somos companheiros". E assim fui ampliando a minha visão em relação à luta indígena e conheci muitas pessoas ligadas ao movimento. Como as representações da APOINME – Articulação dos Povos Indígenas do Nordeste, Minas Gerais e Espírito Santo, por exemplo. Foram eles que me mostraram a importância do movimento organizado. O que mais me chamou a atenção foi a luta pela retomada das terras no Nordeste e as suas consequências, como ameaças e assassinatos de lideranças indígenas. Tudo isso causou em mim uma vontade de ser mais útil, de participar mais das discussões da política indigenista, pois até então tinha uma participação somente a nível local. Participei então da Assembléia Extraordinária da COIAB em Manaus e fui crescendo e aprendendo na luta.

Em 2003, mais uma vez fui para o Encontro dos Povos Indígenas em Brasília e, ao retornar, juntamente com Lourenço Krikati, lideramos grandes encontros no Maranhão. Ainda neste ano, realizamos o 1º Encontro Estadual dos Povos Indígenas do Maranhão, com a presença do presidente da FUNAI, supervisores de educação do estado e outras autoridades. Ali foi o pontapé inicial para a institucionalização do movimento indígena no Maranhão. Realizamos outros encontros preparatórios para a assembleia, que foi realizada em setembro de 2003, e fui eleita secretária executiva da COAPIMA.

A COAPIMA, que já havia tido uma discussão inicial, estava passando por um processo de paralisação. Então a reativamos e buscamos o seu fortalecimento. Neste mesmo ano, organizamos um grande movimento de ocupação da FUNASA, visando melhorias no atendimento da saúde indígena. Infelizmente não obtivemos êxito naquela ocasião, porém reafirmamos a importância da luta indígena e mantivemos acesas as chamas da nossa tradição. E acreditamos que seria possível incendiar o mundo com a nossa vontade e com o sonho de justiça social. A partir de 2004, através da COAPIMA, a luta se intensificou. Estruturamos a sede e realizamos várias atividades com os povos, como cursos, seminários, encontros, oficinas, palestras, entre outros. Por conta de nossa militância em torno das lutas da COAPIMA e do movimento indígena em geral, fui escolhida para representar a

Amazônia Legal como membro da Comissão para Avaliação de Projetos (CAP) do Programa Carteira Indígena do Ministério do Meio Ambiente em parceria com o Ministério do Desenvolvimento Social. Em 2005, interditamos a Ferrovia Carajás – Vale por uma semana, também na luta por saúde. Aí sim conseguimos alcançar alguns de nossos objetivos.

Em janeiro de 2007, fui reeleita para a coordenação da COAPIMA, para um cargo de diretoria. Em seguida fui indicada para coordenar o Núcleo Regional do PDPI e reeleita em 2008 na Oficina Nacional para compor o Comitê Gestor do Programa Carteira Indígena. Ainda em 2008, participei do Fórum Permanente da ONU para Questões Indígenas, em Nova York. Na oportunidade, ao perceber que os discursos orbitavam em torno dos Estados Unidos, disse para o mundo que os EUA não são o centro do mundo como muitos pensam e eles mesmos apregoam, mas que o centro do mundo é a Amazônia, pois se acabarem com as nossas matas e riquezas naturais, não haverá Estados Unidos ou Nova York que sobreviva. Tive uma participação de destaque com várias entidades e organizações internacionais, sempre atentos às apresentações dos casos emblemáticos em relação à falta de políticas públicas adequadas aos povos indígenas aqui no Brasil.

No ano de 2009, fui eleita vice-coordenadora da COIAB. Foi um momento de muita emoção, pois os homens haviam decidido que eu seria secretária. Estava tudo orquestrado quando com apoio das mulheres eu decidi que não seria secretária e sim concorreria para vice-coordenadora. Foi um constrangimento para a maioria dos homens, pois não aceitavam o confronto. Daí, se seguiram quase quatro anos de peleja pela defesa de direitos. Como todos sabem, a política de desenvolvimento do país é baseada somente em crescimento econômico, financeiro e capitalista, que abandona, isola, massacra e expulsa pessoas de suas Terras. Tudo vale para construir hidrelétricas para geração de energia que beneficiará as multinacionais e os donos do Capital. Hoje a Amazônia vive assaltada não mais por invasores, mas por decisão, imposição e determinação do próprio governo federal, como é o caso de Belo Monte, que continua acelerando o crescimento e impedindo o curso natural do Rio Xingu. As hidrelétricas de Teles Pires, Tapajós, Madeira, mesmo contra a vontade da população brasileira, seguem em frente, escravizando trabalhadores, expulsando indígenas, pescadores e pequenos agricultores, que perdem toda uma história de vida e dignidade por caprichos de um governo que afirma que esta é a única forma de desenvolver a região. "Pois é possível fazer reservatório de água, mas reservatório de vento não", palavras da própria presidente da República numa reunião com ambientalistas.

História de Liderança

Cito aqui algumas das ações relevantes.

Por conta de minha atuação contra essas ofensivas, meu nome virou sinônimo de "ocupação". Onde há uma ocupação, acampamento do Norte e Nordeste do país, eu recebo convite.

Fiz várias viagens internacionais denunciando Belo Monte, a violência e a violação de direitos.

Ações que se tornaram notícia mundial, como a entrega da Motosserra de Ouro para a Senadora Kátia Abreu, em defesa do Código Florestal;

Encontros com o relator especial da ONU – Conversas sobre Belo Monte, sobre as questões indígenas no Mato Grosso do Sul, sobre a criminalização de lideranças;

Encontro com assessoria de Barack Obama, então Presidente dos Estados Unidos da América, falando da importância da organização indígena e dos indígenas para a preservação do Meio ambiente e para o equilíbrio do clima;

Entrega de um documento e fala com a Presidente Dilma Rousseff, em 2012, por ocasião do Dia Mundial do Meio Ambiente;

Participação em várias revistas informativas e culturais.

Coordenação da organização do Acampamento Terra Livre em 2012, na Cúpula dos Povos contrapondo o evento mundial da Rio +20;

Coordenação da Semana dos Povos Indígenas em 2013 e a ocupação do plenário da Câmara e do Palácio do Planalto;

Indicada por unanimidade do acampamento para compor a Mesa de Trabalho formada por 10 indígenas e 10 Deputados Federais.

Em agosto de 2013, findou o meu mandato na coordenação executiva da COIAB, e regresso ao aconchego do meu lar a pedido dos povos indígenas do Maranhão. O que não quer dizer que deixarei a luta, pois pra mim independente de estar ocupando função, o meu compromisso é com o meu povo e com nossos direitos.

Enfim, plantamos vida, não alimentamos a morte. Eis o que aprendemos e o que queremos ensinar, pois somos os nossos sonhos. E o meu sonho é transformação social por meio da participação popular.

Revolução Indígena agora e sempre!

www.ingramcontent.com/pod-product-compliance
Lightning Source LLC
LaVergne TN
LVHW051102180726
843512LV00020B/1566